JOACHIM HRUSCHKA

Die Konstitution des Rechtsfalles

Schriften zur Rechtstheorie

Heft 4

Die Konstitution des Rechtsfalles

Studien zum Verhältnis von
Tatsachenfeststellung und Rechtsanwendung

Von

Joachim Hruschka

DUNCKER & HUMBLOT / BERLIN

Alle Rechte vorbehalten
© 1965 Duncker & Humblot, Berlin
Gedruckt 1965 bei Albert Sayffaerth, Berlin 61
Printed in Germany

Vorbemerkung

Der vorliegenden Untersuchung geht es um die Frage nach dem Rechtsfall. Die Vorgegebenheit des Rechtsfalles, d. h. der ontischen Daten und Fakten, die es zu beurteilen gilt, und seine innere Gliederung scheinen für den Rechtsanwender das Selbstverständlichste zu sein. Zwar mag es schwierig sein, der Tatsachen habhaft zu werden, schwierig, sie rechtlich richtig zu bewerten; aber der Rechtsfall als solcher wird ihm nicht zum Problem. Erst eine über die spezifisch juristische und prozeßpraktische Sichtweise hinausgehende Fragestellung, die sich auch noch auf den Rechtsanwender selbst erstreckt, vermag die Struktur des Rechtsfalles in den Griff zu bekommen. Denn erst die Perspektive des Urteilers und der in dieser verborgene Rechtsaspekt machen den Rechtsfall zu dem, was er ist. Die Inhaltsfülle eines vergangenen Ereignisses oder eines gegenwärtigen Zustandes erlaubt eine Vielfalt möglicher Betrachtungsweisen. Deshalb kann der Urteiler erst an Hand der von ihm aufgeworfenen Rechtsfragen *die* Linien herausheben, welche in ihrer Gesamtheit den Rechtsfall ausmachen. Bedingung dafür ist, daß ein rechtliches Interesse sie einmal in sein Blickfeld gerückt hat. Einen Beitrag zur Aufhellung solcher Vorgänge zu leisten, ist Aufgabe dieser Untersuchung.

Solche Arbeit mißversteht daher von vornherein, wer sogenannte praktische Ergebnisse von ihr verlangt und etwa Rechtsregeln oder prozeßtechnische Anweisungen erwartet. Denn ihre Absicht richtet sich allein auf eine *metajuristische* Interpretation des Rechtsanwendungsaktes, auf „rein theoretische" Überlegungen; unabhängig von allen Recht- und Zweckmäßigkeitserwägungen gilt es zunächst einmal, „die Sache selbst" ins Auge zu fassen, rein festzuhalten, was hier eigentlich geschieht. *Juristisches* Denken in der Methodenlehre des positiven Rechts wird regelmäßig nach der „Zulässigkeit" eines eingeschlagenen Weges, eines Verfahrens fragen. *Metajuristisch* dagegen ist die Problemstellung, wenn es um die vorrechtliche Möglichkeit oder Unmöglichkeit eines Denkansatzes geht. Und erst wenn diese Probleme gelöst sind, können auch die Fragen nach der Zulässigkeit gestellt werden. So können sich zwar rechtliche Erörterungen an metajuristische Untersuchungen anschließen, ja häufig münden die metajuristischen Fragen in irgendwelche Rechtsfragen ein; aber dabei darf die entscheidende Differenz nicht übersehen werden. Denn alle Rechtsfragen setzen schon immer bestimmte vor- und außerjuristische Problemstellungen und Problemlösungen voraus, und diese gilt es aufzuspüren und bewußt zu machen. Das kann dann auch fruchtbar für das Rechtsdenken selbst werden.

Hier geht es speziell um die Sachverhaltsbildung innerhalb und außerhalb von Prozessen. Naturgemäß wird das Prozeßrecht daher am meisten berührt und prozeßrechtliche Folgerungen liegen am nächsten. In einer gewissen Hinsicht scheint deshalb die vorliegende Arbeit übereinzukommen mit der Untersuchung von Kurt Kuchinke: „Grenzen der Nachprüfbarkeit tatrichterlicher Würdigung und Feststellung in der Revisionsinstanz. Ein Beitrag zum Problem von Tat- und Rechtsfrage" (Bielefeld 1964), die aus der „theoretischen" Untrennbarkeit von Rechtsfrage und Tatfrage auch die prozeßrechtlichen Konsequenzen zieht. Leider konnte diese Untersuchung nicht mehr im einzelnen berücksichtigt werden.

Besonderen Dank schuldet der Verfasser seinem verehrten Lehrer, Herrn Professor Dr. Karl Larenz, für ein eingehendes Interesse an dieser Arbeit und eine verständnisvolle Förderung. Dank gebührt auch seinen Freunden, die aus der Sicht ihrer verschiedenen Fächer heraus auf seine Überlegungen kritisch eingegangen sind, und Dank sei ausgesprochen dem Inhaber des Verlages Duncker & Humblot, Herrn Ministerialrat a. D. Dr. Johannes Broermann, für die Aufnahme dieser Arbeit in die Reihe „Schriften zur Rechtstheorie".

München, im März 1965

Joachim Hruschka

Inhalt

I. Die Konstitution des Rechtsfalles als Auswahl- und Deutungsproblem 9

II. Die Logik der Tatsachenfeststellung 14

III. Die Frage als Voraussetzung der Sachverhaltsbildung 20

IV. Das Problem des Fragehorizonts und die Struktur der Grundfrage 30

V. Praktisches Interesse, rechtliche Perspektive und objizierbarer Lebensverhalt als Voraussetzungen der Fragestellung 35

VI. Der Einfluß der zu ermittelnden Rechtssätze auf die Grundfrage .. 46

VII. Die Entstehung der Grundfrage und das Verhältnis von Grundfrage und Tatsachenfeststellung 58

VIII. Die Konstitution der Zeugnisse und die Entstehung der abgeleiteten Fragen 64

IX. Die Konstitution des Rechtsfalles und die Objektivität der Sachverhaltsbildung 70

Literaturverzeichnis 75

Die Nachweise in den Fußnoten verweisen auf die im Literaturverzeichnis angeführten Schriften nur durch Nennung der Verfassernamen. Sind bei einem Verfasser mehrere Titel verzeichnet, so ist die jeweils beigefügte Nummer dem Namen nachgesetzt.

I. Die Konstitution des Rechtsfalles als Auswahl- und Deutungsproblem

Der rechtsanwendende Jurist, der sich vor die Aufgabe gestellt sieht, „einen praktischen Fall" einer rechtlichen Beurteilung zu unterziehen, hat ein Dreifaches zu untersuchen: Er muß 1. den Fall als solchen, d. h. die zu beurteilenden Tatsachen feststellen, er muß 2. die in Betracht kommenden Rechtssätze sammeln, und er hat 3. die festgestellten Tatsachen und die ausgesonderten Rechtssätze zueinander in Beziehung zu setzen. Die dritte Aufgabe ist das eigentliche Geschäft der Rechtsanwendung, doch setzt sie die vorbereitende Tatsachenfeststellung und Rechtssatzermittlung voraus. Diese beiden Tätigkeiten sind aber wiederum so aufeinander bezogen, daß die eine nicht ohne die andere gedacht werden kann. Die Tatsachen können nur im Hinblick auf die Rechtssätze ermittelt werden, die Rechtssätze indessen sind nur im Hinblick auf die Tatsachen auffindbar.

Diese Sachlage ist schon lange bekannt. Sie hat ihre geläufigste Formulierung bei Engisch gefunden[1], der das dabei notwendig einzuschlagende Verfahren gleichzeitig gegen den Vorwurf verteidigt, es handele sich um einen fehlerhaften logischen Zirkel: „Für den Obersatz" — d. i. das durch die Auslegung der Rechssätze ermittelte, auf den Fall bezogene allgemeine Sollensurteil — „ist wesentlich, was auf den konkreten Fall Bezug hat, am konkreten Fall ist wesentlich, was auf den Obersatz Bezug hat." Diese gegenseitige Bedingtheit stellt nach Engisch indessen keinen circulus vitiosus dar, sondern es handelt sich um „eine ständige Wechselwirkung, ein Hin- und Herwandern des Blickes zwischen Obersatz und Lebenssachverhalt."

„In diesem Hin- und Herwandern des Blickes werden der zunächst nur gleichsam in einem Rohzustande gegebene Sachverhalt und diejenigen Rechtssätze, deren Tatbestände bei einer noch flüchtigen Hinsicht als möglicherweise anwendbar erscheinen, einander so weit angenähert, bis die rechtliche Beurteilung gelingt[2]."

Lenkt man den Blick von dieser „wechselseitigen Durchdringung zwischen den Akten der Tatsachenfeststellung und denen der rechtlichen

---

[1] Engisch (1) S. 14 f.
[2] Larenz (1) S. 203.

Qualifizierung"³ besonders auf die Seite der Tatsachenfeststellung, so ist es nach den angeführten Stellungnahmen offenbar unbestritten, daß bei der endgültigen Formung des Sachverhalts durch den Urteiler die anzuwendenden Rechtssätze zumindest im Hintergrund eine gewisse Rolle spielen.

Wie ist diese Rolle indessen zu verstehen? Engisch postuliert trotz seiner Anerkennung der wechselseitigen Bedingtheit von Tatsachenfeststellung und Feststellung der anzuwendenden Rechtssätze eine weitgehende Unabhängigkeit der Sachverhaltsermittlung. Für ihn ist die Tatsachenfeststellung „nur geschichtliche Untersuchung der Vorgänge" gerade „ohne Beziehung zu deren Einreihung in bestimmte Typen"⁴. Was darunter genauer verstanden werden soll, zeigt Engisch bei der Erörterung der Problematik, die in der Auswahl der schließlich in den Sachverhalt aufzunehmenden Tatsachen liegt: Uns „interessieren" zwar „nur diejenigen Tatsachen, die im Hinblick auf die anzuwendenden rechtlichen Bestimmungen relevant sind, wie uns umgekehrt nur diejenigen rechtlichen Obersätze interessieren, zu deren Heranziehung der konkrete Sachverhalt Anlaß zu bieten scheint. Aber logisch gesehen bezieht sich ja dieses Wechselspiel nur auf den hypothetisch angenommenen Sachverhalt als Beweisthema und geht somit der Feststellung der Tatsachen selbst voraus⁵." Und er zitiert zustimmend die These von Mezger: „Die Behauptung der sog. Rechtserheblichkeit einer Tatsache bedeutet immer nur eine Frage an die Tatsachenwelt; mit der Tatsachenfeststellung als solcher hat diese Behauptung rein gar nichts zu tun⁶." Die Rechtsbezogenheit einer Tatsache hat nach dieser Meinung also zwar zur Folge, daß sich der Urteiler überhaupt damit näher befaßt und daß diese Tatsache schließlich in die Darstellung des Falles aufgenommen wird. Ist aber durch das Hinsehen auf die anzuwendenden Rechtssätze eine Tatsache erst einmal in den Blick gekommen, dann bestimmt sich das weitere Verfahren der Tatsachenermittlung ganz ohne Beziehung auf diese Rechtssätze. Die Begründung dafür geht eben dahin, daß die Tatsachenfeststellung als Tätigkeit des Urteilers eine „geschichtliche Untersuchung der Vorgänge" sei, wobei die geschichtliche Untersuchung gerade der „rechtlichen Würdigung"⁷ ausschließend gegenübergestellt wird. Was dabei unter „geschichtlicher Untersuchung" zu verstehen ist, erhellt eine Bemerkung von Engisch an anderer Stelle⁸, wonach „rein logisch genommen" „die Tatsachenfeststellung im gerichtlichen Verfahren nahe verwandt der historischen Tat-

---

³ Scheuerle S. 23.
⁴ Engisch (1) S. 89.
⁵ Engisch (1) S. 85.
⁶ Engisch (1) S. 85 Anm. 4.
⁷ Engisch (1) S. 89.
⁸ Engisch (2) S. 50 f.

I. Der Rechtsfall als Auswahl- und Deutungsproblem

sachenfeststellung" sei. „Wie der Historiker auf Grund der ihm zu Gebote stehenden Quellen geschichtliche Tatsachen ermittelt, so werden im gerichtlichen Prozeß auf Grund der Erklärungen des Angeklagten selbst ... und mit Hilfe der sog. Beweismittel ... rechtserhebliche Tatsachen erschlossen."

Genügt indessen die bloße Bezugnahme auf die Arbeitsweise des Historikers, um das aufgeworfene Problem hinreichend zu klären? Offenbar nicht. Denn die Prinzipien der geschichtlichen Methode werden nicht gleichzeitig untersucht. Das aber ist Voraussetzung für ein Urteil über die These, nach welcher übereinstimmend mit der geschichtlichen Tatsachenfeststellung die forensische Ermittlung der Fakten der rechtlichen Würdigung der festgestellten Fakten gegenüberstehen soll. Es könnte sogar sein, daß Engisch mit dieser Bezugnahme über seine eigenen Interpretationen hinausweist. Nun geht es um die Rechtsbezüglichkeit der Sachverhaltsbildung vor aller Rechtsanwendung. Daher ist zunächst noch zu fragen, was der Urteiler in der Sachverhaltsbildung eigentlich bewirkt. Reicht es überhaupt aus, diesen Vorgang im wesentlichen als einen Ausleseprozeß zu verstehen? Larenz, der die Formel vom Hin- und Herwandern des Blickes aufgreift[9], beschreibt die Tatsachenermittlung als ein „Urteils-, Deutungs- und Ausleseverfahren", „das entweder von dem Urteiler selbst, oder schon von demjenigen, der ihm die Tatsachen oder einen Teil derselben mitteilt (z. B. einem Tatzeugen) oder sie behauptet und unter Beweis stellt, vorgenommen wird"[10]. „Noch vor aller rechtlichen Beurteilung" ist der „Sachverhalt" demnach das Ergebnis eines komplizierten Denkprozesses. In diesem Prozeß findet nicht nur eine Auslese der Einzelfakten statt, so daß „nur das, was nach der Meinung des Urteilers oder des Erzählenden zu dem Kern des Geschehens irgendeinen Bezug aufweist und was einer rechtlichen Beurteilung unterliegt"[11], in die Darstellung des Falles aufgenommen wird, sondern darüber hinaus ordnet der Sachverhalt die Fakten bereits in „gewisse Ordnungszusammenhänge und Deutungsschemen"[12] ein. Dadurch wird das „tatsächliche Geschehen", auf das dieser Prozeß abzielt, für das weitere Verfahren — die eigentliche Rechtsanwendung — erst greifbar und handlich gemacht. Denn nicht dieses Geschehen „in seiner Unmittelbarkeit", „das reine factum", ist Gegenstand der „spezifisch rechtlichen Beurteilung", sondern ein „durch das Bewußtsein schon vorgeformtes", „auf Wahrnehmungen gegründetes", „kategorial geordnetes" und gedeutetes „Vorstellungsbild", der „bereits in bestimmten Allgemeinvorstellungen und Ordnungsbegriffen gefaßte

---

[9] Larenz (1) S. 203.
[10] Larenz (1) S. 201.
[11] Larenz (1) S. 201.
[12] Larenz (1) S. 202.

Sachverhalt"[13]. In diesen Denkprozeß gehört die Erkenntnisbewegung, die als „Hin- und Herwandern des Blickes zwischen Obersatz und Lebenssachverhalt" beschrieben wird, so weit hinein, als sie zur Bildung des Sachverhalts beiträgt. Erkenntnis, Auswahl und Deutung der Fakten sind die Leistungen der Tatsachenfeststellung, an deren Ende der fertige Sachverhalt steht.

Um terminologischen Schwierigkeiten zu begegnen, ist es erforderlich, hier genaue Unterscheidungen zu treffen. In einer leichten Abweichung vom üblichen Sprachgebrauch, die aber als durch die Sache selbst gerechtfertigt erscheint, wird als „Sachverhalt" nur das oben angesprochene Vorstellungsbild verstanden, das bereits eine Ordnung und Deutung der Tatsachen enthält. Ist der Sachverhalt sprachlich formuliert, dann ist er eine Beschreibung von Fakten und nicht diese Fakten selbst. Er ist das, was der Richter in sein Urteil, der Staatsanwalt in seine Anklageschrift aufnimmt, das Produkt der Erkenntnisse des Urteilers. Von ihm muß der „Lebensverhalt" als der reine, ungegliederte und unausgegrenzte Vorgang oder Zustand in der Tatsachenwelt unterschieden werden. Der Lebensverhalt ist das Faktum, so wie es „an sich" ist oder war. Er ist somit als die bloße Möglichkeit eines Sachverhalts zu verstehen; aus seinem Begriff ist sorgfältig alles das herauszuhalten, was irgendwie schon ein ordnendes oder deutendes Element darstellt. Die Ordnung und Deutung finden erst mit Beginn und im Verlaufe der Sachverhaltsbildung statt. In dieser wird mit der Entstehung des Sachverhalts der „Rechtsfall" festgestellt. Der Rechtsfall ist das ontische Korrelat des Sachverhalts; er ist das in der Beschreibung Beschriebene, das in der Vorstellung Intendierte, das durch den Sachverhalt aus dem Lebensverhalt Herausgehobene. Der Rechtsfall ist mithin der Lebensverhalt, soweit er gegliedert und geordnet wird, der Lebensverhalt, wie ihn der Urteiler sieht.

An Hand dieser Unterscheidungen läßt sich zunächst das angeschnittene Problem präzisieren. Der Gegenstand, der in der Sachverhaltsbildung bearbeitet wird, liegt nicht so ohne weiteres fest. Offenbar hängt die Bestimmung des Rechtsfalles mit der Erkenntnis, Auswahl und Deutung der Fakten zusammen. Dann aber muß sich bei einer Untersuchung dieser Denkleistungen auch die Frage nach der Konstitution des Rechtsfalles beantworten lassen. Wie wird überhaupt der Fall als *Rechts*fall konstituiert? Was ist das Bestimmende an diesem Prozeß, von welchen Prinzipien wird er geleitet, und wie geht er im einzelnen vor sich? Diesen Fragen soll im folgenden nachgegangen werden. Es handelt sich dabei um (Teil-)Fragen nach der erkenntnistheoretischen, logischen und methodologischen Grundlegung juristischer Arbeitsweise, wobei es nicht um das Denken des Urteilers als solches geht — das wäre eine psychologische Fragestellung, sondern

---

[13] Larenz (1) S. 200 f.

I. Der Rechtsfall als Auswahl- und Deutungsproblem

um das Denken des Urteilers in seiner Beziehung auf den Gegenstand dieses Denkens, den Rechtsfall[14].

Die Frage, wie und wodurch der Gegenstand seiner Untersuchungen konstituiert wird, stellt sich in der aufgezeigten Weise nicht dem rechtsanwendenden Juristen allein. Wer die Methodologie der Geschichte betrachtet, steht ähnlichen Problemen gegenüber. Wie die angeführten Stellen zeigen, hat Engisch auf die nahe Verwandtschaft der forensischen und der historischen Tatsachenfeststellung hingewiesen[15], ein Hinweis, der gelegentlich auch in der neueren geschichtsmethodologischen Literatur auftaucht[16]; und schon Leibniz hat sich zur Begründung seiner methodischen Forderungen an die Geschichtsschreibung auf diesen Zusammenhang von Historiographie und gerichtlicher Tatsachenfeststellung berufen[17]. In der Tat gehen beide — Jurist und Historiker — immer von irgendwelchen Materialien, d. h. von gegebenen Fakten aus, die sie in der Gegenwart vor sich haben und welche sie der Erforschung vergangener Vorgänge und Zustände zugrunde legen. Dabei richten sich beide insofern auf ähnliche Ziele, als es ihnen jeweils um individuelle Vorgänge zu tun ist. Diese Ähnlichkeit der Ausgangspunkte, der Verfahrensweisen und der Ziele empfiehlt es, bei einer Untersuchung der angeschnittenen Fragen die Methode der Geschichte stets im Blick zu behalten. Das hat den Vorteil, daß von der gerichtlichen Tatsachenfeststellung in Analogie zu oder in Abgrenzung von der historischen Tatsachenfeststellung ein genaueres Bild gewonnen werden kann. Zugleich wird damit auch sichergestellt, daß die Fragestellung metajuristisch bleibt, d. h. die Bedingungen rechtlicher Probleme untersucht, und nicht auf juristische Fragen selbst abgleitet. Vor allem bleiben ausgeschlossen spezifisch prozeßrechtliche Fragen nach dem Beweisrecht im Prozeß und nach dem Revisionsrecht, das auf der Unterscheidung von „Tatfrage" und „Rechtsfrage" beruht. Solche Rechtsfragen sind nicht Gegenstand methodologischer Untersuchungen über die Ermittlung von Sachverhalten.

---

[14] Vgl. dazu Collingwood (2) S. 8 f.
[15] Zuletzt Engisch (4) S. 6.
[16] Collingwood (2) S. 280.
[17] Vgl. Conze S. 36 u. S. 53 und Holz S. 107.

II. Die Logik der Tatsachenfeststellung

Ein erster Ansatz für die Beantwortung der aufgeworfenen Fragen wird dann gegeben sein, wenn feststeht, wann überhaupt das Problem der Auswahl und Deutung in den Blick kommt — wenn die Herstellung des Sachverhalts als eines Ganges von gegebenen Fakten hin zur Darstellung der juristisch relevanten Tatsachen analysiert wird. Denn es gibt, wie sich zeigen wird, mindestens zwei Möglichkeiten, den Fortgang der Tatsachenfeststellung — Tatsachenfeststellung immer als Vollzug der Sachverhaltsbildung, nicht als Ergebnis dieser Tätigkeit verstanden — zu verfolgen. Die erste und am nächsten liegende Möglichkeit ist die Untersuchung einer „Logik der Tatsachenfeststellung". Diese Untersuchung soll im folgenden kurz durchgeführt werden. Was dabei vorzubringen ist, ist für den Juristen nicht neu, da dieses Thema bereits von Engisch ausführlich behandelt worden ist[1]. Deshalb genügt auch eine zusammenfassende Darstellung. Doch sollen — in Durchführung des oben begründeten Grundsatzes — auch die Erkenntnisse der historischen Methodologie verwertet werden. Es handelt sich hier insbesondere um die Untersuchungen Droysens zur geschichtlichen Methode[2], die — in der zweiten Hälfte des vorigen Jahrhunderts entstanden — noch heute in der Geschichtswissenschaft als führend gelten[3].

Jede Tatsachenfeststellung hat eine empirische Ausgangsbasis. Gegeben sind dem Urteiler stets irgendwelche Fakten. Dabei handelt es sich entweder um formulierte Aussagen oder aber um sonstige Tatsachen, die dem Urteiler unmittelbar durch Wahrnehmung zugänglich sind. Diese Tatsachen muß der Urteiler aufnehmen und verarbeiten, d. h. eben wahrnehmen. Wie der Fortgang der Untersuchung sich weiter gestaltet, hängt dann davon ab, ob der Urteiler auf diese Weise alle erheblichen Tatsachen erfahren hat oder nicht. In den seltensten Fällen wird man hier schon abbrechen können. Das bekannteste Beispiel dafür ist der Fall, daß sich eine Person in einem gerichtlichen Prozeß während einer Sitzung einer „Ungebühr" im Sinne des § 178 GVG schuldig macht[4] und deshalb innerhalb desselben Prozesses zu einer Ordnungsstrafe verurteilt wird. Hier

---

[1] Engisch (1) S. 37 ff.
[2] Droysen, a. a. O.
[3] Vgl. etwa v. Brandt S. 11 und Kirn S. 111.
[4] Beispiel von Engisch (1) S. 62.

II. Die Logik der Tatsachenfeststellung

kann der Richter alle rechtlich relevanten Tatsachen selbst wahrgenommen haben. Indem er das Verhalten der Beteiligten erfaßt und würdigt, verarbeitet er den sinnlich aufgenommenen Vorgang und stellt somit den Sachverhalt her. Derartige Fälle sind aber nicht auf den gerichtlichen Prozeß beschränkt. Jedermann, der einen rechtlich relevanten Lebensverhalt wahrnimmt, kategorial verarbeitet und schließlich rechtlich beurteilt, steht in derselben Beweissituation wie der Richter in dem erwähnten Beispielsfall.

In allen anderen Fällen ist der Urteiler darauf angewiesen, den rechtlich relevanten Vorgang der Vergangenheit mittels der ihm beigebrachten Zeugnisse — Aussagen und sonstigen Tatsachen — geistig zu rekonstruieren. Da hier von unmittelbar gegebenen Tatsachen auf andere nicht unmittelbar gegebene Tatsachen hin zurückgefragt wird, kennzeichnet sich das einzuschlagende Verfahren als ein sog. reduktiver Prozeß[5]. Die kategoriale Verarbeitung der gegebenen Fakten enthält den ersten Schritt. Die schriftlichen oder mündlichen Aussagen, die sich für den Urteiler zunächst als ein Komplex von Zeichen — Lauten, Schriftzeichen, aber auch Gesten usw. — darstellen, sind verstehend wahrzunehmen, d. h. der Urteiler muß den Sinn der Aussage erfassen, er muß verstehen, was der Zeuge meint. Dann kann er auf eine entsprechende Erinnerung des Zeugen an Tatsachen der Vergangenheit schließen. Diesem Schritt verstehender Wahrnehmung von Aussagen verbunden mit dem Schluß auf die vorhandene Erinnerung des Zeugen an die vergangene Tatsache entspricht bei der Verarbeitung der sonstigen Tatsachen durch den Urteiler die bezeichnende und zuordnende Beschreibung dieser Tatsachen. Der Richter muß etwa ein bestimmtes Ding als „Fingerabdruck" identifizieren und außerdem feststellen, daß es sich um den Fingerabdruck einer bestimmten Person handelt.

An diesen Schritt schließt sich logisch gesehen ein Kontrollverfahren an, das in der methodologischen Literatur gewöhnlich als „Verifikation" bezeichnet wird. In der „Geschichtslogik" nimmt die Darstellung dieses Verfahrens einen breiten Raum ein und wird dort als „Quellenkritik" verstanden[6]. Doch gehört nicht alles das hierher, was der Quellenkritik zugerechnet wird. Es handelt sich darum, daß der logisch offenbar nicht zwingende Schluß von der Aussage des Zeugen über eine von ihm früher wahrgenommene Tatsache auf die wirkliche Erinnerung des Zeugen an diese Tatsache auf seine Richtigkeit hin untersucht wird. In der Regel wird der Richter eine derartige Untersuchung nur vornehmen, wenn er Anlaß zu Zweifeln hat. Denn man kann voraussetzen, daß der Mensch das sagt, was er wirklich meint, falls er keinen besonderen Grund hat zu lügen[7]. Die

---

[5] Bocheński S. 101, Diemer S. 446.
[6] Droysen S. 92 ff.
[7] Bocheński S. 135.

Untersuchung richtet sich auf die Glaubwürdigkeit der gemachten Aussage. Mithin geht die Kritik hier noch nicht darauf, ob die Aussage die Tatsache der Vergangenheit objektiv richtig wiedergibt, sondern darauf, ob subjektiv nach Meinung des aussagenden Zeugen diese Tatsache richtig wiedergegeben ist. Nur diese Seite des Verhältnisses des gegebenen Materials zu den Fakten, von denen es Kenntnis gibt, wird hier betrachtet. Um die Glaubwürdigkeit zu untersuchen, kann eine ganze Reihe von Prüfungen durchgeführt werden. Man kann eine innere und eine äußere Kritik unterscheiden. Zur inneren Kritik gehört die Untersuchung der Widerspruchsfreiheit der Aussage; die Feststellung von Widersprüchen innerhalb eines Zeugnisses läßt eventuell seine Verwerfung als unwahrhaftig zu. Zur äußeren Kritik können etwa Leumundszeugnisse oder psychologische Gutachten über die Glaubwürdigkeit eingeholt werden. Ähnliches gilt für die Kritik von unmittelbar gegebenen Tatsachen, die nicht Aussagen sind. Gerade hier kann man von einer „Kritik der Echtheit" sprechen. Der erwähnte Fingerabdruck z. B. muß daraufhin untersucht werden, ob er tatsächlich von der Person stammt, von welcher er herzurühren scheint.

Der nächste Schritt geht von der so verarbeiteten Aussage oder sonstigen Gegebenheit auf unmittelbar nicht mehr erfaßbare Tatsachen der Vergangenheit. So wird von dem Inhalt der Zeugenaussage, die sich als wahrhaftig erwiesen hat, geschlossen auf den Vorgang oder Zustand, von welchem die Aussage Zeugnis ablegt. Dieser Schluß vollzieht sich auf der Ebene der Sprache. Genaugenommen schließt also der Urteiler von der übernommenen Zeugenaussage auf eine Aussage über ein Faktum. Auf diesem Wege kann er zu einer Aussage über eine unmittelbar erhebliche Tatsache der Vergangenheit gelangen. Er kann aber auch zu Aussagen über eine Tatsache gelangen, die zwar noch nicht für die rechtliche Beurteilung relevant ist, wohl aber weitere Schlüsse auf ihrerseits relevante Tatsachen erlaubt. Die Aussage des Zeugen läßt etwa einen Schluß auf den Satz zu, daß zu einem bestimmten Zeitpunkt in einer bestimmten Gegend ein Schuß gefallen ist. Das braucht noch keine in diesem Prozeß erhebliche Tatsache zu sein, kann aber weitere Schlüsse ermöglichen. Der Fingerabdruck kann darauf schließen lassen, daß sich eine bestimmte Person während eines bestimmten Zeitraumes an dem Ort aufgehalten hat, wo der Fingerabdruck abgenommen wurde.

Auch hier ist der wichtigere Schritt wieder die anschließende Kritik der so gewonnenen Aussagen über Tatsachen der Vergangenheit. Hier geht es um die Nachprüfung der Frage, ob das so geschaffene Bild des vergangenen Vorgangs oder Zustands für diese Vergangenheit zutreffend ist: „die Kritik des Richtigen". Der Urteiler untersucht, ob das, was die Zeugenaussage behauptet, richtig sein kann, ob nicht etwa Behauptungen über Tatsachen aufgestellt wurden, die unmöglich zutreffen können. Die Aussage wird hier in ein System von Erfahrungssätzen eingeordnet, mit anderen Aussagen über denselben Gegenstand, die sich auf andere unmittelbare Gegebenheiten stützen, verglichen usw. Es wird also ein sog. axiomatisches System aufgebaut, ein Gedankengebäude, in welches die einzelnen Aussagen und auch die kritisierte Aussage eingeordnet werden. Stellt sich dann heraus, daß Widersprüche und Unstimmigkeiten bestehen, dann muß die beurteilte Aussage verworfen werden. Fügt sich die Aussage dagegen ohne weiteres in das entworfene System ein, dann kann das als ein Grund für die Richtigkeit der kritisierten Aussage angesehen werden. Ein logisch zwingender Schluß auf die Richtigkeit der Aussage ist das freilich nicht. Hier steckt die viel beklagte Dissymmetrie der verifizierenden Untersuchung[8]. Die Falsifikation einer Aussage ist stets gültig, die Verifikation dagegen nicht.

Damit ist ein erster Abschluß erreicht. „Das durch die Kritik verifizierte Material ist alles, was wir von dem Stück Vergangenheit, das uns gerade beschäftigt, haben und wissen. Wie diese Vergangenheit war, wie sie verlief, um was es sich in ihr handelte, was erreicht und verfehlt wurde, nicht das alles steckt in diesem Material, wohl aber soviel darin steckt, können wir noch erfassen; aus diesem Material haben wir eine Auffassung jener Vergangenheit und damit eine Vorstellung von ihr, die noch mögliche Vorstellung zu gewinnen[9]."

Sind also auf diese Weise alle greifbaren Aussagen über die Vorgänge, die beurteilt werden müssen, ermittelt worden, dann folgt als logisch nächster Schritt die Auswertung des Materials, die Ordnung und Interpretation der Aussagen[10]. Die Aussagen werden zunächst in einen Zusammenhang gestellt, der bereits ein rohes Bild der Vorgänge liefert: Die kritische Ordnung des Materials nach zeitlichen und räumlichen Zusammenhängen, soweit sie sofort erkennbar sind. Die Interpretation besteht schließlich in der Erklärung aller gewonnenen Einzelaussagen aus dem Zusammenhang. Die Zusammenhänge und Zusammengehörigkeiten werden geklärt („pragmatische Interpretation"), die Motive der Handlungen und ihre Zielsetzungen werden untersucht („psychologische Interpretation"). Die bislang unzusammenhängenden Einzelaussagen werden so in ein einheitliches System gebracht, das als gedankliches Bild des Vorganges oder Zustandes gelten darf, den es schließlich zu beurteilen gilt. Logisches Mittel dafür ist wieder der reduktive Schluß, der niemals zwingend ist.

Auch hier ist eine Verifikation möglich, ja sie gehört zur Interpretation selbst hinzu. Aus dem Gesamtsystem lassen sich neue Einzelaussagen er-

---

[8] Bocheński S. 103, Droysen S. 129.
[9] Droysen S. 145.
[10] Dazu Droysen S. 149 ff.

mitteln, die eventuell in dem skizzierten reduktiven kritischen Verfahren auf einem unabhängigen Wege bestätigt werden können. Auf diese Weise kann ganz neues Material aufgespürt werden, das dann für die bereits gewonnene Interpretation eine Stütze sein kann. So, wenn sich etwa aus der gedanklichen Rekonstruktion eines Vorganges ergibt, daß eine bestimmte Person beteiligt gewesen sein muß, und diese Person in einer Vernehmung ihre Beteiligung zugibt. Der Richter hat hier andere Möglichkeiten als der Historiker, es sei denn letzterer betreibe Zeitgeschichte. Denn der Richter kann die Zeugen noch auf Dinge hin befragen, über welche sie noch keine Auskunft gegeben haben; diese Möglichkeit ist dem Historiker verschlossen, weil er keine lebenden Zeugen mehr antrifft.

Dies ist in großen Zügen der Vorgang der Sachverhaltsbildung nach seiner logischen Seite hin betrachtet. Die dargestellten Prinzipien liegen aller Geschichtslogik und aller Logik der juristischen Tatsachenfeststellung zugrunde. Von unmittelbar gegebenen Phänomenen geht die Schlußfolgerung — jeden Schritt kritisch durchleuchtend — auf Einzelaussagen, die in einem System vereinigt und so aufeinander bezogen werden, daß die Lücken des Systems mit weiteren Aussagen gefüllt werden können. Das Verfahren enthält dann die logische Begründung für den schließlich ermittelten Sachverhalt, so daß Aussagen, die nicht auf Fakten weisen, welche dem Urteiler unmittelbar gegeben sind, durch solche direkt ermittelte Aussagen erklärt werden. Die Richtung des Vorgehens ist dabei — auch in der Rückwendung bei der verifizierenden Kritik — ganz bestimmt von der Aufeinanderfolge der Aussagen: von der Aussage „x", die eine Aussage über eine unmittelbare Gegebenheit ist, wird reduktiv geschlossen auf die Aussage „y", von dieser auf „z" usw.

Es ist offensichtlich, daß eine derartige Logik der Tatsachenfeststellung die Problematik der Faktenauslese und der Tatsachendeutung überhaupt nicht in den Blick bekommt. Eine solche Logik betrachtet das logische Verhältnis von Aussagen untereinander; sie setzt daher bereits die Auswahl und die kategoriale Verarbeitung = Deutung der in den Aussagen angezielten unmittelbar gegebenen Fakten voraus. Darüber hinaus kann sie auch den Weg nicht angeben, den sie bei der Interpretation der Erstaussagen zur Vervollständigung des Systems von Aussagen einschlägt. Wenn ein Richter etwa die Ursachen eines Verkehrsunfalls zu untersuchen hat, bei dem der Beteiligte A getötet worden ist, dann kann er eine ganze Reihe durchaus gleichwertiger Ursachen des Vorganges finden[11]: A ist getötet worden, weil der Fahrer des Wagens (B) unsicher gefahren und diese Unsicherheit auf die Betrunkenheit des B zurückzuführen ist. A ist aber auch gerade deshalb getötet worden, weil er in diesem Augenblick

---

[11] Beispiel von Carr S. 102.

und an dieser Stelle über die Straße ging, um Zigaretten zu kaufen. Es liegt auf der Hand, daß die zweite Erklärung für den Richter irrelevant ist. Die erste dagegen ist „wesentlich". Wird sie in einem richterlichen Urteil verwertet, dann kann sie erhebliche straf- und haftungsrechtliche Folgen haben. Die Logik der Tatsachenfeststellung aber kann nicht angeben, welche Erklärung in den Sachverhalt aufzunehmen ist und welche nicht; für sie sind sämtliche Bedingungen des Erfolges gleichwertig. Die Logik kann auch nicht angeben, warum der Urteiler die Möglichkeit der ersten Erklärung überhaupt sieht. Daß der Richter aber die erste Erklärung in den Blick bekommt, daß er sie allein wählen, die zweite und viele andere aber außer acht lassen wird, das beruht auf anderen, außerlogischen Voraussetzungen, die eine Logik der Tatsachenfeststellung deswegen nicht aufweisen kann, weil sie selbst von ihnen abhängig ist.

III. Die Frage als Voraussetzung der Sachverhaltsbildung

Die unausgesprochenen Voraussetzungen der beschriebenen Methode, an deren Richtigkeit — soweit die Beschreibung reicht — gar nicht gezweifelt werden kann, gilt es in einem neuen Ansatz zu untersuchen. Die Darstellung dieser Methode setzte ein bei der Wahrnehmung und kategorialen Verarbeitung des schon bereitgestellten Materials, von dem aus auf den rechtlich relevanten Sachverhalt reduktiv geschlossen werden soll. Wahrnehmung und kategoriale Verarbeitung des Materials werden zusammengefaßt in — ausgesprochenen oder unausgesprochenen — Aussagen des Urteilers, welche die Möglichkeiten für Schlußfolgerungen bieten. Von diesen Aussagen ausgehend können dann Schlüsse gezogen werden auf andere Aussagen, die sich auf relevante Tatsachen beziehen.

Bei dieser Beschreibung des reduktiven Verfahrens ist jedoch außer acht gelassen, was der Urteiler als das handelnde Subjekt der Untersuchung und des Beweisverfahrens selbst, von sich aus — bewußt oder unbewußt — zum Fortgang der Tatsachenermittlung beiträgt und beitragen muß, wenn so etwas wie ein Sachverhalt überhaupt zustande kommen soll. Die Erkenntnistheorie belehrt darüber, daß das „Interesse", welches der Urteiler an der Untersuchung und an dem Ziel der Untersuchung nimmt, erste und wichtigste Voraussetzung aller Untersuchung ist. Dieses Interesse enthält eine Art „Vorentscheidung", daß dieses oder jenes Faktum „bemerkenswert", „beachtenswert" ist. Denn notwendige Bedingung aller Erkenntnis ist, daß die zu erkennende Tatsache „in den Lichtkegel der Relevanz" gerät[1]. Das gilt unabhängig von allen Theorien über Wesen und Fortgang des Erkennens. Damit ist noch nichts über die Art des Interesses gesagt; vor allen Dingen wird nicht die Behauptung aufgestellt, der Urteiler nehme nur das wahr, was auf seinen Fall Bezug hat. Er nimmt selbstverständlich noch viel mehr und anderes wahr. Aber in jedem Falle bedarf es dazu eines Interesses. Alle Tatsachen, die nicht in irgendeiner Weise bedeutsam sind, geraten gar nicht in seinen Gesichtskreis.

Das Interesse des Urteilers scheidet die wahrnehmbaren Fakten in wahrgenommene und nicht-wahrgenommene. So kann es in der Umgebung des Urteilers eine Fülle von Tatsachen geben, die er noch nie entdeckt hat und die er nie bemerken wird, einfach weil er sich für sie nicht interessiert,

---

[1] Rothacker S. 41.

III. Die Frage als Voraussetzung der Sachverhaltsbildung 21

weil er nicht mit seiner Aufmerksamkeit bei ihnen ist. Ihnen gegenüber steht der Kreis der apperzipierten Fakten. Nur mit diesen kann der Urteiler arbeiten. Mithin findet hier eine erste Auslese statt; das Interesse des Urteilers entpuppt sich als maßgebend und richtungweisend für die Bereitstellung des Materials, das schließlich untersucht werden kann. Die Auslese ist abhängig vom Interesse des Urteilers, und dieses wiederum ist von Urteiler zu Urteiler verschieden. Das Interesse hängt nicht nur ab von den geschichtlichen Zeitumständen. Diese sind für alle Urteiler derselben Gegenwart in unserem Bereich dieselben, so daß im folgenden von solchen Bedingungen abgesehen werden kann. Das Interesse ist vor allem bedingt durch den Bildungs- und Wissensstand, zum anderen durch den Standort des Urteilers — Standort verstanden nicht nur im unmittelbaren Sinne des räumlichen Standorts, sondern auch im übertragenen Sinne grundsätzlicher Vorentscheidungen. Ein Arzt etwa kann im Gesicht eines Kranken mehr und anderes entdecken als ein Nichtfachmann, der über Einzelheiten hinwegsieht; ein geschulter Polizeibeamter wird im Trubel des Straßenverkehrs auch dann, wenn er nicht besonders aufmerksam ist, vieles wahrnehmen, was anderen entgeht. Mit dem Interesse hängt auch die stets erforderliche erste Deutung des Materials zusammen. Der Urteiler muß den gerade in den Blick gekommenen Aspekt des wahrgenommenen Faktums einordnen können, und das heißt praktisch: er muß ihn benennen können. Die Notwendigkeit, Wahrnehmungen mitteilen zu müssen, mit ihnen arbeiten zu müssen, zwingt zu sprachlicher Formulierung. Der Gebrauch der Sprache aber bringt eine Stellungnahme zum gedeuteten Phänomen mit sich. Der Urteiler geht mit seinen Vorstellungsbildern, mit seinen Erfahrungen an die Fakten heran, um sie zu bezeichnen und dadurch für eine weitere Verarbeitung und Benutzung erst verwendbar zu machen. Auch hier spielen Ausbildung und Standort eine große Rolle. Den Lichtschein, den der eine nicht weiter deuten kann, wird der andere als einen „Blitz" erkennen; das „undefinierbare Geräusch" kann sich als das „Summen eines Staubsaugers" herausstellen usw.

Die aufgezeigten Bedingungen gelten für jede deutende Wahrnehmung, für alles Erkennen schlechthin. Die juristische Tatsachenfeststellung ist jedoch nicht nur Wahrnehmung und kategoriale Verarbeitung der Wahrgenommenen — auch nicht in den ersten Stadien ihrer Arbeit. Sie ist vielmehr Wahrnehmung für bestimmte Zwecke, ist Untersuchung. Das soll heißen, daß der Urteiler stets „systematisch" an die Arbeit herangehen wird, daß er nicht darauf wartet, was das Material, das ihm zur Verfügung steht, bereitwillig aussagt; er wird vielmehr versuchen, das aus dem Material herauszuholen, woran er ein spezifisches Interesse hat. Das „Mittel", das er dazu anwendet, ist die präzise Frage. Von dieser muß daher ausgegangen werden. Die Fragestellung ist die entscheidende Voraussetzung aller Untersuchung. Mit ihr wandelt sich das Interesse des Urteilers in eine aktive Haltung gegenüber seinem Untersuchungsobjekt. Jede Sachverhaltsbildung beginnt daher mit einer Fragestellung, und ohne eine Frage wird keine Tatsache festgestellt werden können, die als zugehörig zu dem zu beurteilenden Fall erkannt und deshalb in die Darstellung des Falles aufgenommen wird. Die Frage ist somit Voraussetzung allen schlußfolgernden Denkens, das in sinnvoller Weise Schlüsse ziehen will. Darüber hinaus wird durch die Frage das Interesse in eine bestimmte Richtung gelenkt und vertieft. Die Frage ist die formulierte Spezifizierung des Interesses: Der Urteiler muß wissen, was er wissen will. Denn die Untersuchung ist gerade nicht auf ein zufälliges Finden abgestellt, sondern man sucht *etwas*. Man muß wissen, was man suchen will, erst dann findet man etwas[2]. Nicolaus Cusanus formuliert: „Quicunque quaerit, *quid* quaerit. Si enim nec aliquid seu quid quaereret, utique non quaereret[3]."

Der Urteiler befindet sich hier in derselben Situation wie der Historiker. Droysen hat — als erster, wie es scheint — den Gedanken entwickelt, daß allen geschichtlichen Forschungen eine leitende Frage vorangeht, die er die „historische Frage" nennt[4]. Jahrzehnte später, aber wohl unabhängig von Droysen, hat Collingwood[5] diesem historischen Fragen ein tieferes erkenntnistheoretisches Fundament zu geben gesucht. In der Idee einer Erweiterung der Logik zu einer „Logik von Frage und Antwort" glaubte er den Schlüssel zum kritischen Verständnis der Geschichtsschreibung gefunden zu haben[6].

Welchen Einfluß hat die Frage nun auf den Verlauf der Untersuchung? Das soll an einem Beispiel aus einem strafgerichtlichen Verfahren erörtert werden. Gerade ein Strafverfahren eignet sich hierfür besonders, weil der Richter selbst alle Schlüsse zu ziehen und selbst alle Beweismittel in der Hauptverhandlung zu prüfen hat, um zu einer Entscheidung zu kommen. Der Fortgang der Tatsachenfeststellung wird sich dabei in einer neuen Perspektive, in der oben angesprochenen zweiten Möglichkeit der Betrachtung zeigen. Wie der Richter seine Fragen aufwirft, das soll dabei so beschrieben werden, wie es sich dem unbefangenen Beobachter zunächst darstellt. Die Beschreibung trägt daher in gewisser Hinsicht den Stempel bloßer Vorläufigkeit. Denn es muß in der Folge erst noch nachgeprüft werden, ob die Unbefangenheit des Beobachters nicht von unbegründeten Vorurteilen durchsetzt ist. Jedenfalls soll mit dieser Deskription nicht dem endgültigen Ergebnis der Untersuchung vorgegriffen werden.

---

[2] Droysen S. 35.
[3] Nicolaus Cusanus: De Apice Theoriae, zit. nach Pöppel S. 45.
[4] Droysen S. 31 ff., S. 332 § 20.
[5] Collingwood (1) S. 30 ff., (2) S. 281 ff.; vgl. dazu Finkeldei S. 68 ff.
[6] Dazu besonders Gadamer S. 344 ff. und S. 351 ff.; zur Theorie der Frage ferner: Husserl S. 371 ff. und S. 375 ff.; Rombach, a. a. O.

III. Die Frage als Voraussetzung der Sachverhaltsbildung

Im Beispielsfalle wird dem Angeklagten A ein Einbruchsdiebstahl vorgeworfen. Der Richter muß sich die Frage stellen, ob A für Handlungen verantwortlich ist, die als „Wegnahme fremder beweglicher Sachen in der Absicht rechtswidriger Zueignung" und zwar als „Wegnahme aus einem Gebäude mittels Einbruchs oder Einsteigens" beurteilt werden können. Der Richter steht mithin vor der Aufgabe, einen Sachverhalt zu bilden, der eine Entscheidung darüber zuläßt, ob A einen Einbruchs-(Einsteige-) Diebstahl begangen hat oder nicht. Er hat also gerade bei der Hauptverhandlung ein spezifisches Interesse an bestimmten Begebenheiten der Vergangenheit, in welchen A eine bestimmte Rolle spielt. Im Hinblick auf diese Begebenheiten stellt sich der Richter die Frage: „Kann der Angeklagte der Wegnahme fremder beweglicher Sachen in rechtswidriger Zueignungsabsicht usw. beschuldigt werden oder nicht?"

Diese Ausgangsfrage ist juristisch und nicht kriminalistisch. Der Polizeibeamte stellt, an den Tatort gerufen, fest, daß in einem bestimmten Hause das Fenster eingeschlagen ist, er sieht Fußspuren am Boden und läßt sich vom Eigentümer des Hauses erzählen, daß eine Brieftasche mit Geldscheinen fehlt. Er glaubt es mit einem Einbruchsdiebstahl zu tun zu haben und fragt nunmehr: „Wer war der Täter?" Diese Frage ist kriminalistisch. Der urteilende Richter dagegen hat einen Angeklagten vor sich, den der Staatsanwalt als den Täter beschuldigt, und er muß sich nicht nur fragen, ob dieser Angeklagte mit dem Einbruch in Verbindung zu bringen ist, sondern auch, ob es sich überhaupt um einen Diebstahl handelt. Das aber ist *eine* Frage, und nur die Not der sprachlichen Formulierung läßt das Problem als zwei Fragen erscheinen. Der Urteiler hat es mit diesem besonderen Angeklagten zu tun. Dessen Tat muß er beurteilen. Selbst wenn ein anderer äußerlich dieselben Handlungen begangen hat, kann seine Tat doch ganz anders charakterisiert werden. Deshalb bilden beide Fragen eine Einheit, und die Frage nach dem handelnden Subjekt kann nicht ohne weiteres von der Gesamtfrage gelöst werden. Die kriminalistische Frage nach dem Täter setzt die Beantwortung der juristischen Frage schon voraus, wenn auch diese Antwort der Natur der Sache gemäß nur vorläufig sein kann. Denn die Frage nach dem „Täter" stellt sich erst, wenn die Möglichkeit einer „Tat" ins Blickfeld gerückt ist. Die juristische Frage ist also grundlegender als die kriminalistische.

Darüber hinaus fällt auf, daß die Beantwortung der Ausgangsfrage bereits eine Beantwortung der „Tatfrage" und der „Rechtsfrage" wäre; die Antwort würde nicht nur die Bildung des Sachverhalts, sondern auch dessen rechtliche Beurteilung darstellen. Gleichwohl ist diese Frage die leitende auch für die Tatsachenfeststellung. Die Frage, ob der Angeklagte einen Diebstahl begangen hat oder nicht, macht den ganzen Sinn der weiteren richterlichen Untersuchung aus. Nur von ihr her ist daher der Fortgang des Verfahrens zu verstehen. Die Tatbestände der §§ 242, 243

StGB sind gewissermaßen die Brille, durch die der Richter im weiteren Verlauf der Verhandlung alles betrachtet. Was durch diese Brille nicht gesehen werden kann, ist für den Urteiler irrelevant. Nur scheinbar droht hier die Vermengung von Tatfrage und Rechtsfrage. Denn die Scheidung von Tatsachenfeststellung und rechtlicher Beurteilung im Sinne der Differenz von Tatfrage und Rechtsfrage ist — im Gegensatz zur Formulierung Tat„frage" und Rechts„frage" ein Problem, das, wenn es von seiner logischen Seite her angegangen wird, die Logik der Aussagen, nicht die Logik des Fragens betrifft. Liegen Sachverhalte fertig vor, d. h. sind festgestellte Tatsachen in Aussagen formuliert, dann kann eine Unterscheidung von Tatsachenbeschreibung und rechtlicher Beurteilung der beschriebenen Tatsachen gemacht werden: Dann ist Rechtsfrage, ob die Geschwindigkeit eines Wagens von 60 km/h bereits „übermäßige Geschwindigkeit im Sinne des Gesetzes" ist oder nicht, Tatfrage dagegen, ob der betreffende Angeklagte mit einer Geschwindigkeit von 60 km/h — oder darüber oder darunter — gefahren ist[7]. Aber der fragende Richter hat zunächst noch gar keine formulierte Aussage. Denn er darf sich für seinen Beweis ja nur auf Aussagen stützen, die er in der Hauptverhandlung ermittelt hat. Er muß also eine solche Aussage über die Geschwindigkeit erst schaffen. Die Logik der Frage liegt vor aller Aussagenlogik — Aussagenlogik immer verstanden als Gegensatz zur „Logik von Frage und Antwort", nicht etwa in der engen Bedeutung eines logistischen Aussagenkalküls[8].

Das zeigt, daß die leitende Frage in erster Linie eine Entscheidungsfrage[9] ist, die — verkürzt — lautet: „Hat der Angeklagte am ... in ... einen Diebstahl begangen oder nicht? Hat er gestohlen oder nicht?" Sie ist also keine Bestimmungsfrage, die etwa dahin ginge: „Was hat A getan?" „Was hat er sich dabei gedacht?" usw. Der erste Anschein geht zwar dahin, die leitende Frage der Sachverhaltsbildung als eine Bestimmungsfrage anzusehen. Denn der Richter hat doch „unvoreingenommen" die Tatsachen festzustellen! Doch kann der untersuchende Richter nicht einfach so hinfragen, was A getan habe. Selbst wenn er seine Frage in dieser Weise sprachlich formuliert, meint er damit doch stets das angezielte Delikt. Schon wenn er fragt, was A an diesem oder jenem Tage in diesem oder jenem Hause getan habe, ist immer vorausgesetzt, daß das Tun des A zu diesem Zeitpunkt und an diesem Orte irgendwie erheblich ist für die Beantwortung der leitenden Frage. Denn sonst würde der Richter die Frage nicht stellen.

---

[7] Beispiel von Engisch (1) S. 97.

[8] Vgl. Collingwood (1) S. 36 und dort Anm. 1.

[9] „Entscheidungsfrage" meint hier nicht etwa eine Frage, die zu „existentieller Entscheidung" aufruft, wie bei Rombach S. 143 und S. 195 ff.

III. Die Frage als Voraussetzung der Sachverhaltsbildung 25

Nun bleibt der Richter bei der ersten Frage nicht stehen. Er wird sich die Frage präziser stellen. Er formuliert als Frage das eigentliche Beweisthema: „Hat der Angeklagte A am 30. 1. 1963 um 22.00 Uhr im Hause Z-Straße 12 in München im vollen Bewußtsein dessen, was er tat, ein Fenster eingeschlagen, hat er dann von außen das Fenster geöffnet, ist er durch das Fenster in ein Zimmer des Hauses eingestiegen und hat er dort vom Schreibtisch eine Brieftasche geholt, die dem X gehörte und deren Inhalt er für sich verbrauchen wollte? Oder hat er das nicht getan?" Diese Frage ist genauer, „der Sache angemessener" als die leitende Frage. Aber jeder Jurist sieht sofort, daß hier alle Tatbestandsmerkmale des Einbruchsdiebstahls verarbeitet sind, daß in der neuen Formulierung die alte Frage zwar genauer ausgeführt, aber nicht abgelöst ist. Die leitende Frage und das Beweisthema sind mithin eine identische Frage — die Grundfrage — in verschiedenen sprachlichen Formen. Sie sind dieselbe Frage, weil sie sich auf denselben Fall richten. Eine Art Sachverhalt ist mit dieser voll entwickelten Grundfrage vorgegeben, und die Tatsachen werden daran geprüft. Das Interesse des untersuchenden Richters konzentriert sich jetzt auf diese Prüfung. Alle Fakten, die im Hinblick auf diese Frage bedeutsam sind, müssen nunmehr herangezogen werden.

Bis zu diesem Moment hat der Richter lediglich die Grundfrage ausgearbeitet, die es durch das erfassende und schlußfolgernde Denken zu beantworten gilt. Aber bei dieser Frage kann er nicht stehenbleiben. Zur Beantwortung seiner Grundfrage stehen dem Richter bestimmte Beweismittel zur Verfügung. Diese Beweismittel — d. h. die für den Richter wahrnehmbaren schriftlichen oder mündlichen Aussagen des Angeklagten oder der Zeugen, die für den Richter wahrnehmbaren Augenscheinsobjekte usw. — bilden das Rohmaterial, aus dem der Richter Aussagen gewinnen kann, welche ihrerseits die Ausgangsbasis für die aussagenlogischen Denkoperationen darstellen, die zur Bildung des Sachverhalts führen. Die Zeugenaussage also ist Rohmaterial für den Urteiler in gleicher Weise wie ein Augenscheinsobjekt. Wie dieses „sachliche Beweismittel" und die Aussage des Richters darüber zu trennen sind, müssen auch die Zeugenaussage selbst (entsprechend die Aussage des Angeklagten) und die Aussage des Richters über die gemachte Zeugenaussage, die sich selbst als Wiedergabe dieser Zeugenaussage versteht, voneinander unterschieden werden. Nur die Aussage des Richters kann eine Prämisse für seine weiteren — in der Logik der Tatsachenfeststellung auseinandergelegten — Schlüsse bilden. Die Zeugenaussage dagegen leitet zu dieser Prämisse nur hin. Denn der Richter muß die Zeugenaussage aufgenommen und verarbeitet haben, ehe sie für ihn eine artikulierte Aussage und damit möglicher Vordersatz zu einem Schluß wird.

Die Aussagen des Richters über die wahrgenommenen Beweismittel sind nun ihrerseits wieder Antworten auf Fragen, die der Urteiler vorher an die Beweismittel gerichtet hat. Diese Fragen sind indessen nicht die Grundfrage selbst, sondern aus ihr abgeleitete Fragen, die gleichzeitig auf das Material hingeordnet sind. Zum Zwecke der Vereinfachung sei das zunächst an der Vernehmung eines Zeugen dargestellt. Der Richter wird diesen jetzt befragten Zeugen Z nicht unmittelbar mit der zum Beweisthema präzisierten leitenden Frage konfrontieren können; er wird ihn nicht fragen, ob der Angeklagte am 30. 1. 1963 in dem erwähnten Hause ein Fenster eingeschlagen habe usw. Denn darauf würde der Zeuge keine Antwort wissen, sie sei denn eine unbeachtliche Interpretation seines Wissens. Z kann nur aussagen: „Ich habe am 30. 1. 1963 etwa gegen 10 Uhr abends den mir bekannten A aus dem Vorgarten des Hauses Z-Straße 12 herauslaufen sehen. A hat sich dabei umgedreht, wohl um zu prüfen, ob ihm jemand folge. Er rannte zu einem bereitstehenden Auto und ist mit diesem sehr schnell weggefahren." Der Zeuge weiß aus eigener Kenntnis also nicht um einen Vorgang, der unmittelbar erheblich ist. Indessen kann er etwas aussagen, was den Schluß zuläßt, daß A „zur Tatzeit am Tatort" gewesen ist und sich dort verdächtig benommen hat. Die Aussage des Zeugen ermöglicht also mittels gewisser „Erfahrungsregeln"[10] einen Schluß auf die Täterschaft des A. Man kann den von dem Zeugen beschriebenen Vorgang als eine mittelbar erhebliche Tatsache bezeichnen. Wie veranlaßt nun der Richter, den ja in erster Linie die unmittelbar erheblichen Fakten interessieren, den Zeugen, seine Aussage zu machen? In der Regel wird der Richter den Zeugen fragen, was er am 30. 1. 1963 gegen 22 Uhr in der Z-Straße gesehen habe. Eine so formulierte Frage setzt aber voraus, daß der Zeuge wenigstens annähernd weiß, über was er auszusagen hat. Und eine derartige Voraussetzung wird auch der Richter stets machen. Aber davon muß hier abgesehen werden. Der instruktivere Fall ist der, daß der Zeuge sich selbst nicht darüber im klaren ist oder sein will, „worum es geht", daß er infolgedessen nur Angaben auf Grund von ganz konkreten Fragen machen kann. Dann hat es keinen Sinn, dem Zeugen die Frage vorzulegen: „Was haben Sie gesehen?" Der Richter muß Entscheidungsfragen stellen: „Haben Sie gesehen, daß A aus dem Hause Z-Straße 12 kam?" „Ist er mit dem Wagen weggefahren?" Jede Aussage des Zeugen setzt dann voraus, daß der Richter eine ganz genaue und direkte Anfrage an ihn richtet. Das ist in Prozessen keineswegs so selten der Fall, wie es zunächst scheinen möchte. Entscheidungsfragen werden häufig in der Form eines sog. „Vorhaltes" gestellt oder dann, wenn der Richter etwas Genaueres wissen will. Weiß der Zeuge dagegen, über was er auszusagen hat, dann nimmt er dem Richter lediglich die ausdrückliche Fragestellung ab. Es ist nicht etwa so, daß dann die Fragen überhaupt entfallen. Der Zeuge stellt sich vielmehr selbst die Frage, die der Urteiler sonst an ihn richten würde. Aussagen sind stets Antworten auf

---

[10] Engisch (1) S. 67.

III. Die Frage als Voraussetzung der Sachverhaltsbildung 27

Entscheidungsfragen. Es gibt eben keine Aussage, die sich nicht auf eine Frage bezieht.

Es ist klar, daß in aller Regel die Beantwortung der Grundfrage die vorherige Beantwortung einer Reihe von abgeleiteten Fragen voraussetzt. Meistens müssen abgeleitete Fragen auch hintereinander geschaltet werden, weil eine abgeleitete Frage ersten Grades nur beantwortet werden kann, wenn zuvor eine oder mehrere abgeleitete Fragen zweiten Grades Antwort gefunden haben usw. Die Parallele zum aussagenlogischen Denken drängt sich auf. Tatsächlich entspricht jedem praktischen logischen Schluß eine vorangehende Frage, auf die der Schlußsatz eine Antwort darstellt. Den einzelnen Schritten in der Logik der Tatsachenfeststellung, deren Synthese der Sachverhalt ist, korrespondieren die Grade abgeleiteter Fragen, deren Ausgangsbasis und Ziel die Grundfrage ist. Aber es besteht ein wesentlicher Unterschied. Dieser liegt in dem Verhältnis der Richtungen, die das erfassende und schlußfolgernde Denken des kombinierenden Richters einerseits und das fragenstellende Denken des untersuchenden Richters andererseits einschlagen. Der Urteiler geht von der aufgenommenen Aussage des Zeugen aus und schließt reduktiv auf einen Teil des rechtserheblichen Lebensverhalts (hier: die Täterschaft des A). Vorher aber war er von einem Teil der präzisierten Grundfrage (war A der Täter?) ausgegangen, um zu ihrer Unterstützung die Fragen nach den mittelbar erheblichen Tatsachen zu stellen. Die Schlußrichtung geht von der Aussage über mittelbar erhebliche Tatsachen zu Aussagen über unmittelbar erhebliche Tatsachen — den (Teil-)Sachverhalt; die Fragerichtung geht von der Frage nach unmittelbar erheblichen Tatsachen zur Frage nach mittelbar erheblichen Tatsachen. Die ratio reducendi und die ratio interrogandi gehen in entgegengesetzte Richtungen.

Diese Gegenläufigkeit der ratio reducendi und der ratio interrogandi garantiert den Vorrang des Fragens an jedem einzelnen Punkt des Beweisverfahrens. Dieser Vorrang des Fragens hat aber eine notwendige Folge. Durch die jeweilige Fragestellung wird die Antwort determiniert. Es handelt sich ja stets um Entscheidungsfragen, und diese lassen als Antwort nur ein lapidares „Ja!" oder „Nein!" zu, genauer: sie erlauben nur eine bestätigende oder verwerfende Wiederholung des Frageinhaltes. Auf die Frage: „Ist A mit dem Auto weggefahren?" gibt es nur zwei mögliche Antworten: „Ja! Er ist mit dem Auto weggefahren!" oder: „Nein! Er ist nicht mit dem Auto weggefahren!" Eine Aussage: „Nein! A ist zu Fuß weggegangen!" ist nicht lediglich Antwort auf die gestellte, sondern außerdem auch Antwort auf die andere Frage: „Ist A zu Fuß weggegangen?" Diese Feststellungen erscheinen banal; und doch haben sie eine bedeutsame Konsequenz. Der Inhalt der Antworten ist nämlich in allen Fällen durch den jeweiligen Frageinhalt vorweggenommen. Das aber heißt nicht mehr und nicht weniger als: die Fragen des Urteilers vollziehen bis in die kleinste Einzelheit hinein die Auswahl und Deutung der Fakten, weil die Aussagen, welche die Prämissen für die Kombinationen abgeben, ebenso wie die Aussagen, die in den Folgerungen die Schlußsätze darstellen, ganz von den Frageinhalten abhängig sind.

Es gilt, diesen logischen Verhalt klar zu sehen, ohne sich durch mögliche übersteigerte Konsequenzen beirren zu lassen. Die letzten der abgeleiteten Fragen, d. h. solche Fragen, die unmittelbar ohne Zwischenschaltung weiterer Fragen beantwortet werden, treffen eine Auswahl aus den Aussagen, die ein Zeuge überhaupt machen kann, und begrenzen dadurch die Menge von Aussagen, aus denen der Richter Schlüsse auf den relevanten Sachverhalt zieht. Darüber hinaus enthalten sie auch den Hinblick, unter dem der Richter das ihm zur Verfügung stehende ausgewählte Material sieht. Das gilt nicht nur für Beweismittel, die in sich noch keine Vordeutung von Tatsachen enthalten. Der Urteiler faßt etwa einen Fingerabdruck als „Fingerabdruck" auf, weil er für die Ermittlung der Täterschaft des A von Bedeutung sein könnte. Er weiß aus seiner Erfahrungswelt, daß ein bestimmtes Gewirr von Linien einen Fingerabdruck darstellt, und er wird eventuell suchend danach fragen, wenn er noch nicht darauf hingeleitet worden ist. Daß der Richter, durch seine Fragen geführt, das Material deutend erfaßt, das gilt auch für solche Beweismittel, die bereits „kategorial vorgeformt" sind, also insbesondere für Partei- und Zeugenaussagen. Zwar heißt es, daß die Zeugenaussagen „richtig aufgenommen und gedeutet" werden müssen, daß der Urteiler „sich auf Grund richtiger Interpretation der Aussagen der Auskunftsperson eine Vorstellung von dem dargestellten Sachverhalt" machen müsse, „die den Vorstellungen entspricht, die der Berichterstatter mit seinen Worten verbindet"[11]. Aber gerade in dem Verlangen nach getreuer Auffassung der gegebenen Aussage liegt „die Zweideutigkeit", wie Hegel einmal formuliert hat. „Auch der gewöhnliche und mittelmäßige Geschichtsschreiber, der etwa meint und vorgibt, er verhalte sich nur aufnehmend, nur dem Gegebenen sich hingebend, ist nicht passiv in seinem Denken; er bringt seine Kategorien mit und sieht durch sie das Vorhandene[12]." Dieses Urteil ist auf den Richter ohne weiteres übertragbar. Das gilt auch dann, wenn der Richter wörtlich wiedergibt, was der Zeuge gesagt hat. Aber das ist selten der Fall. Wenn eine Aussage zu Protokoll genommen wird, dann kann man beobachten, wie sehr die Niederschrift der Zeugenaussage das Ergebnis eines Zusammenwirkens von Richter und Auskunftsperson ist, wie sehr die Aussage bis in die Formulierung eines einzelnen Ausdrucks hinein vom Richter gelenkt wird. Darüber hinaus erfaßt der Urteiler die Aussage schon als Aussage und trägt damit eine Deutung an sie

---

[11] Engisch (1) S. 70.
[12] Hegel S. 31.

III. Die Frage als Voraussetzung der Sachverhaltsbildung

heran, die in dem, was der Zeuge sagt, selbst noch nicht liegt. In jedem Falle erfahren die aufgenommenen Tatsachen „eine Brechung"[13] im Geist des Urteilers, und diese Brechung ist durch die gestellte Frage geleitet. Das alles bedeutet nun selbstverständlich nicht eine Verfälschung des aufgefaßten Materials, sondern ist die notwendige Folge der interessierten Erfassung von Beweismitteln und ihrer Zusammenfassung in Sätzen, auf welche der Urteiler seine Schlußfolgerungen stützt.

Erkennen, Auswahl und Deutung des befragten Tatsachenmaterials werden also nicht unabhängig von den Fragen des Richters vollzogen, sondern sind eng mit der Fragestellung verflochten und werden von dieser erst ermöglicht. Aber auch der weitere Vollzug der Sachverhaltsbildung hängt ganz von der Fragestellung ab. In verstärktem Maße beeinflussen die Fragen auch die Interpretation der formulierten Aussagen über das dem Urteiler unmittelbar Gegebene hin auf Aussagen über Nicht-Gegebenes. Denn sie entscheiden, in welcher Richtung die Deutung des Zusammenhangs zu verlaufen hat, sie entscheiden über „Wesentlichkeit" oder „Unwesentlichkeit" von Erklärungsmöglichkeiten (Ursachen, Motiven usw.). Immer handelt es sich ja um Entscheidungsfragen, welche die Möglichkeiten zur Antwort beschränken. Die Fragestellung durchdringt alle Kombinationen, die auf den Sachverhalt hinführen. Dieser Sachverhalt als das erstrebte Ergebnis der Tatsachenfeststellung ist nichts anderes als die Antwort auf die Grundfrage. Daher ist er auch ganz von dieser Frage vorgezeichnet.

Damit tritt die bedeutsame Stellung der Grundfrage hervor. Die Grundfrage, die den Sinn der abgeleiteten Fragen ausmacht, legt alle diese Fragen fest. Sie bestimmt daher am Beginn der Tatsachenfeststellung Auswahl und Deutung des Rohmaterials, aus dem die ersten Aussagen gewonnen werden. Am erfolgreichen Abschluß der Tatsachenfeststellung bestimmt sie die Auswahl und Deutung der Vorgänge, die den Lebensverhalt ausmachen. Der Sachverhalt als ordnende und gliedernde Darstellung des Lebensverhalts wird somit inhaltlich von der Grundfrage ganz vorweggenommen. Es geht eben in der Interpretation des gegebenen und verarbeiteten Materials und in dessen weiterer Bearbeitung um die Beantwortung der Grundfrage. Darauf richtet sich auch alle Ordnung und Auslegung der Aussagen. Der Sachverhalt kann nur gebildet werden in ständigem Hinblick auf das angezielte Beweisthema, das als Frage verstanden werden muß. Die „Fragen an die Tatsachenwelt" sind notwendige Bedingung aller Tatsachenfeststellung, die sie vollkommen durchdringen. Es ist mithin offensichtlich, daß der Grundfrage bei der Konstitution des Rechtsfalles eine wichtige Rolle zukommt.

---

[13] Carr S. 22.

IV. Das Problem des Fragehorizonts und die Struktur der Grundfrage

Die Fragestellung leitet also die gesamte Tatsachenfeststellung. Sie bewirkt Auswahl und Deutung des befragten Tatsachenmaterials und dessen Interpretation hin auf den Sachverhalt. Dabei geht der Urteiler von einer Grundfrage aus, um auf diese Grundfrage ausgerichtet die weiteren Fragen nach den mittelbar erheblichen Fakten zu stellen. Selbstverständlich liegt in dieser Darstellung der Entwicklung des Fragens eine Einseitigkeit. Denn auch das Fragen ist nicht das erste. Es setzt einen Horizont voraus, in dem die Fragen sich erheben und ausdrücklich gestellt werden können. Aus der Grundfrage allein können die daran anknüpfenden Fragen nicht gewonnen werden. Es muß etwas hinzutreten, was zu solchem Fragen Anregung gibt, wenn nicht die Probleme völlig sinnlos aufgeworfen werden sollen. Darüber hinaus aber bedürfen nicht nur die abgeleiteten Fragen eines Anlasses, sondern auch die Grundfrage selbst braucht einen Anstoß. Sie kann nicht gewissermaßen „ins Blaue hinein" gestellt werden; ihr muß etwas vorgegeben sein, woran sie anschließen kann.

Es geht also nunmehr darum, die Wurzeln aufzusuchen, aus welchen die Fragen des Urteilers erwachsen. Die dahingehenden Bemühungen liegen in der Linie der Aufgabenstellung. Hat die bisherige Untersuchung gezeigt, daß Auswahl und Deutung sowohl des Lebensverhalts wie des Beweismaterials und damit auch das Problem der Rechtsbezüglichkeit oder Nicht-Rechtsbezüglichkeit der Sachverhaltsbildung von der Grundfragestellung abhängen, so muß eine Analyse des Frageursprungs gleichzeitig zu den Prinzipien der Auswahl und Deutung und damit zu einer Entscheidung der Ausgangsproblematik hinführen. Es muß sich schließlich damit auch ergeben, ob und wieweit die Beschreibung des Fragefortgangs, welche die leitende Frage aus einem Gesetzestext entwickelte, berechtigt war oder nicht.

Gegen diese Zielsetzung mag Widerspruch erhoben werden. Liegt für den untersuchenden Richter hier überhaupt eine Schwierigkeit? Der Richter besitzt vor aller Fragestellung bereits eine Aktendarstellung des Falles, die eine Vorbereitung auch insofern enthält, als die Grundfrage und die abgeleiteten Fragen aus den Akten abgelesen werden können. Aber damit wird das Problem nur verschoben. Irgendjemand muß als erster die Frage

IV. Der Fragehorizont und die Struktur der Grundfrage

gestellt haben, die den Hinblick dafür liefert, unter welchem die Bearbeitung eines bestimmten Tatsachenmaterials eine Anwort auf die aufgeworfene Frage erzielen kann. Darüber hinaus aber kann auch der Richter nur deshalb die in der Aktendarstellung vorbereiteten Fragen auswerten, d. h. die Fragestellungen nachvollziehen, weil er — angesichts eines Falles — auch ohne vorbereitende Tätigkeit Dritter die „richtigen" Fragen zu stellen in der Lage ist. Denn wenn der Richter den aus Berichten bestehenden Akteninhalt versteht, dann heißt das, daß er die Fragen stellen kann, auf welche diese Berichte eine Antwort geben. Die allgemeine Hermeneutik lehrt, daß einen Text nur versteht, wer ihn als Anwort auf die zu ihm gehörige Frage versteht[1]. Es ist mithin keineswegs selbstverständlich, daß der Richter seine Fragen stellt. Also bleibt es bei der Aufgabe, den Ursprung der Fragestellung aufzusuchen.

Ein solches Vorhaben bedarf einer angemessenen Vorbereitung. Diese muß das Fragen seiner Struktur nach durchsichtig machen. Durchsichtig ist das innere Gefüge des Fragens dann, wenn die allgemeinen Momente an jeder Frage aufgezeigt werden und dieser Aufweis sich an der besonderen Frage des Urteilers — und d. h. zunächst an der Grundfrage — bewährt. Heidegger hat in seiner formalen Analyse der Frage nach dem Sein eine Terminologie geschaffen, die geeignet ist, auf die einzelnen Momente der Frage hinzuweisen. Er unterscheidet zu jeder Fage das Gefragte, das Befragte und das Erfragte[2]. „Das Fragen hat als Fragen nach... sein Gefragtes. Alles Fragen nach... ist in irgendeiner Weise Anfragen bei... Zum Fragen gehört außer dem Gefragten ein Befragtes. In der untersuchenden, d. h. spezifisch theoretischen Frage soll das Gefragte bestimmt und zu Begriff gebracht werden. Im Gefragten liegt dann als das eigentlich Intendierte das Erfragte, das, wobei das Fragen ins Ziel kommt." Gefragtes, Befragtes und Erfragtes kommen so zwar außerhalb des Fragens zu liegen; sie sind — wie die Definitionen zeigen — nicht Inhaltsbestimmungen der Frage selbst. Jeder dieser Beziehungspunkte läßt jedoch ein solches besonderes Fragemoment erkennen. Denn eine Frage ist ohne ein Gefragtes, ohne ein Befragtes und ohne ein Erfragtes nicht denkbar. Die dergestalt bestimmten Fragemomente machen in einem Miteinander und Ineinander den Frageinhalt aus.

Dieser Strukturanalyse der Frage wird die Zustimmung insoweit nicht verweigert werden, als zur Frage ein Gefragtes und ein Befragtes unterschieden werden. Die Differenz von Erfragtem und Gefragtem hingegen begegnet kritischen Einwänden. Doch wird diese Unterscheidung hier als nichts anderes verstanden als die auf das Frageproblem angewendete Unterscheidung von Sinn und Sinnhaftem, von Bedeutung und Bedeutendem,

---

[1] Gadamer S. 352, S. 357.
[2] Heidegger S. 5.

die auch und gerade dem methodologisch interessierten Historiker geläufig ist. Jede Darstellung eines Geschehens hat zwar dieses Geschehen selbst im Auge; sie mißt ihm aber gerade durch die Beschreibung eine Bedeutung zu. Das geschichtliche Faktum, auch wenn es schon als gegliedertes und geordnetes Tatsachengefüge verstanden wird, ist daher von dem Sinnmoment zu unterscheiden, das in das Geschehen hineinprojiziert ist und dadurch das Gefüge erst schafft. Wenn sich so in Beziehung auf die beschreibende Aussage das Faktum und sein Sinn gegenüberstehen, so entspricht dem für die Frage der Gegensatz von Gefragtem und Erfragtem. Sinn und Bedeutung einer Tatsache entspringen der Sichtweise dessen, der diese Tatsache fixiert: Der Sinn entspricht dann der Sichtweise, das Sinnhafte dem Gesehenen. Bei der Frage erscheint die Perspektive, der Wertaspekt, als das Erfragte. Ohne diese Standortgebundenheit und Wertbezogenheit, ohne die Vorgabe der Bedeutsamkeit dessen, nach dem gefragt wird, ist eine Frage überhaupt nicht denkbar. Der Historiker fragt nach dem Gefragten in der durch das Erfragte vorgegebenen Blickweise. Es kann dahinstehen, ob mit dieser Interpretation die ursprüngliche Intention Heideggers, der sich einer ganz anderen Problematik gegenübergestellt sah, vollkommen getroffen ist oder nicht. Jedenfalls muß das Fragen in der damit aufgewiesenen dreifachen Hinsicht gesehen werden.

Für die Geschichte hat Max Weber die Bedeutung der von den Wertvorstellungen des jeweiligen Historikers bestimmten Perspektive herausgearbeitet. Das ist besonders bemerkenswert, weil gerade Weber es war, der im übrigen die grundsätzliche Heterogenität von Tatsachenfeststellungen und Wertanalysen so sehr verteidigt hat[3]. „Wenn wir von dem Historiker und Sozialforscher als elementare Voraussetzung verlangen, daß er Wichtiges von Unwichtigem unterscheiden könne, und daß er für diese Unterscheidungen die erforderlichen Gesichtspunkte habe, so heißt das lediglich, daß er verstehen müsse, die Vorgänge der Wirklichkeit — bewußt oder unbewußt — auf universelle Kulturwerte zu beziehen und danach *die* Zusammenhänge herauszuheben, welche für uns bedeutsam sind. Wenn immer wieder die Meinung auftritt, jene Gesichtspunkte könnten dem ‚Stoff selbst entnommen' werden, so entspricht das der naiven Selbsttäuschung des Fachgelehrten, der nicht beachtet, daß er von vornherein kraft der Wertideen, mit denen er unbewußt an den Stoff herangegangen ist, aus einer absoluten Unendlichkeit einen winzigen Bestandteil als *das* herausgehoben hat, auf dessen Betrachtung es ihm allein *ankommt*[4]." „Ohne Wertideen des Forschers gäbe es kein Prinzip der Stoffauswahl und keine Erkenntnis des individuell Wirklichen[5]." Diese Erkenntnis blieb nicht auf

---

[3] Weber S. 543 ff.
[4] Weber S. 181.
[5] Weber S. 182.

IV. Der Fragehorizont und die Struktur der Grundfrage

den Kreis der Neukantianer beschränkt. Ein Zeugnis von Maurice Blondel, der aus einer ganz anderen Denktradition hervorgeht, weist in dieselbe Richtung: „Wenn man beansprucht, die historische Wissenschaft außerhalb jeder geistigen Vorentscheidung zu begründen, oder wenn man gar voraussetzt, daß der tiefer liegende Teil oder die ‚Küche' der Geschichte ein positives Konstatieren im engen Sinn des Wortes sein könnte, so bedeutet das, daß man sich unter dem Vorwand einer unmöglichen Neutralität von vorgefaßten Meinungen leiten läßt — von Vorurteilen, wie sie jedermann zwangsläufig so lange besitzt, als man weder ein ausgeprägtes Bewußtsein von seinen eigenen Geisteshaltungen erworben noch die Postulate, auf denen man seine Forschungen aufbaut, einer methodischen Kritik unterworfen hat[6]." Man wird nicht zu weit gehen, wenn man behauptet, daß diese Gedanken in irgendeiner Weise inzwischen Allgemeingut der auf ihre Tätigkeit reflektierenden Historiker geworden sind[7].

Was für den Bereich anderer Beschäftigungen mit sozialen Phänomenen gilt, das wird auch für die Erfassung von Fakten durch den Rechtsanwender gelten. Die Trichotomie der Fragemomente muß daher an der Grundfrage des Urteilers wiederkehren. Das Gefragte, nach dem die Frage fragt, ist für den Rechtsanwender der Vorgang der Vergangenheit, den es zu beurteilen gilt; es ist der Rechtsfall. Das Befragte ist das bereitgestellte Material, das auf eine Antwort abgefragt werden soll. Das Befragte sind die Zeugnisse — wobei der Begriff des Zeugnisses hier im weitesten Sinne gefaßt wird: Zeugnis ist Material aller Art, sei es die eigene Erinnerung des Urteilers, seien es fremde Mitteilung oder sonstige Fakten. Das Erfragte schließlich ist das „Wesentliche" am Gefragten, das in der Antwort seinen Niederschlag finden soll; es ist das, was am Rechtsfall, nach dem gefragt wird, die Bedeutung ausmacht, der durch die Frage am Gefragten abgehobene Sinn. Das Erfragte ist das Hauptproblem der Frage nach dem Rechtsfall. Dieses Hauptproblem besteht gerade darin, ob der im Erfragten liegende Sinn einen rechtlichen Bezug hat oder nicht. Der oben durchgeführte Nachvollzug des richterlichen Fragens legt einen solchen rechtlichen Bezug nahe. Die Grundfrage erschien in einer Zweiteilung von leitender Frage und Beweisthema. Es ist angedeutet worden, daß es sich bei dieser leitenden Frage und dem als Frage formulierten Beweisthema um *eine* Frage handelte, weil beide Frageformen sich auf denselben Fragegegenstand richteten. Dieser ist ein Individuelles im Sinne eines Einmaligen und Einzigen[8]. Nach ihm fragten sowohl die leitende Frage wie das Beweisthema. Auch die leitende Frage mußte sich schon auf den individuellen Fall richten, wenn sie für die Sachverhaltsbildung in gerade

---

[6] Blondel S. 25.
[7] Etwa die Thesen von Carr, a. a. O.
[8] Henkel S. 1 ff. und Larenz (2) S. 293.

IV. Der Fragehorizont und die Struktur der Grundfrage

diesem Falle leitend sein sollte. Das Beweisthema aber, das zweifellos ebenfalls nach gerade diesem individuellen Gefragten fragt, mußte den in der leitenden Frage greifbar gemachten Fragesinn in gleicher Weise enthalten, wenn es für die Sachverhaltsbildung von Bedeutung sein sollte. Beide Frageformen richten sich auf dasselbe Gefragte, in beiden zeigt sich derselbe Sinn als erfragtes Moment; daher können sie nur als verschiedene Formulierungen derselben Frage betrachtet werden, die sich lediglich durch ihren Allgemeinheitsgrad voneinander unterscheiden. Man wird aber darüber hinaus sagen müssen, daß in der oben durchgeführten Untersuchung des Fragefortganges die leitende Frage, die aus dem Gesetzestext (§§ 242, 243 StGB) entwickelt wurde und eben deshalb allgemein formuliert ist, das Sinnmoment und damit das in der Grundfrage Erfragte repräsentiert. Das als Frage entworfene Beweisthema dagegen steht für das Gefragte in dieser Grundfrage. Die leitende Frage ist zwar nicht das Erfragte selbst, aber sie vertritt es hier; dasselbe gilt für die Relation von Gefragtem und Beweisthema. Denn definitionsgemäß liegen diese Beziehungspunkte außerhalb der Frage und sind nicht in ihr enthalten. Da indessen die leitende Frage mehr den Sinn der Grundfrage hervorkehrt, das Beweisthema dagegen den Fragegegenstand betont, muß von einem derartigen Repräsentationsverhältnis gesprochen werden. Das ist keineswegs willkürlich. Denn der Beobachter, der das richterliche Fragen bearbeitet, sieht sich zu der Abtrennung der leitenden Frage vom Beweisthema gerade deshalb gezwungen, weil er anders der Differenz von Erfragtem und Gefragtem bei der richterlichen Grundfrage nicht habhaft werden kann. Natürlich wird die Unterscheidung der Frageformen dem tiefer liegenden Unterschied der Fragemomente nicht gerecht, eben weil es sich dabei nur um verschiedene Formulierungen derselben Frage handelt. Die Notwendigkeit, eine leitende Frage zugrunde zu legen, zeigt aber die Ausrichtung der Grundfrage auf ein bestimmtes Erfragtes. Andernfalls hätten die Tatsachen, nach welchen gefragt wird, auch keine Bedeutung für den Fragenden; sie könnten dann auch nicht Gegenstand einer Frage sein. Ein Gefragtes, ein Befragtes und ein Erfragtes zeigen sich also bei jeder Grundfrage des Urteilers. Wie das Erfragte indessen näher zu bestimmen sei, das gerade ist eine Aufgabe dieser Untersuchung.

V. Praktisches Interesse, rechtliche Perspektive und objizierbarer Lebensverhalt als Voraussetzungen der Fragestellung

Das Problem des Fragehorizonts ist nun unter Berücksichtigung der aufgewiesenen Fragestruktur erneut anzugehen. Das Fragen ist ein aktives Verhalten des Urteilers gegenüber seinem Objekt; die rationale und nachprüfbare Untersuchung dieses Objekts soll damit in Gang gebracht werden. Die Frage selbst ist dabei der Anfang aller Aktivität und der Ursprung aller rationalen Bearbeitung des Gegenstandes. Wenn sie so Beginn der Aktivität ist, dann kann sie selbst nicht wiederum in einem aktiven Verhalten des Urteilers wurzeln. Deshalb hat Husserl für den engeren Bereich der Frage nach unmittelbar rezipierten wahrnehmbaren Gegenständen die Feststellung getroffen, daß eine solche Frage motiviert sei „in Vorkommnissen der passiven Sphäre"[1]. Tatsächlich unterliegt alles Fragen derartigen Bedingungen. Das Fragen kann seinen Ursprung nur finden einerseits in Gegebenheiten, die der zur Frage ansetzende Urteiler passiv hinnimmt, und andererseits in dem subjektiven — eine besondere Fragehaltung und eine besondere Frageweise einschließenden — Fragevermögen, das der Urteiler ebenfalls passiv mitbringt. Wenn ferner die Frage der Beginn alles rationalen Forschens ist, so muß ihr Ursprung nicht nur in einer passiven, sondern auch in einer gleichzeitig vorrationalen Sphäre liegen.

In diesem passiven und vorrationalen Bereich ist daher der Ursprung des Fragens nach dem Rechtsfall aufzusuchen. Demnach muß zum ersten in dieser Sphäre der Anstoß für das Fragen schlechthin liegen. Denn die Fragen kommen nicht von selbst. Der bloße Anstoß für das Fragen genügt indessen nicht, sondern — da jede Frage einen besonderen Inhalt hat — muß zum zweiten auch für diesen je bestimmten Inhalt eine Anregung in der passiven Sphäre vorhanden sein, eine Anregung, die mit dem erwähnten Anstoß für das Fragen überhaupt zwar zusammenhängt, aber nicht mit ihm identisch sein kann. Es muß also der Grund für die spezifische Fragestellung gesucht werden. Dabei sind alle Momente, welche den Frageinhalt determinieren, einzeln auf ihren Grund hin zu befragen.

---

[1] Husserl S. 371.

V. Die Voraussetzungen der Fragestellung

Eine erneute Betrachtung des Fragefortganges, jetzt aber in der der ratio interrogandi entgegengesetzten Richtung verlaufend, muß zuletzt auf den gesuchten passiven und vorrationalen Bereich hinführen. Zur Vereinfachung kann dabei weiterhin die Voraussetzung gemacht werden, daß die Frage nach dem Fall von einer aus dem Gesetz entwickelten leitenden Frage dirigiert wird, obwohl diese Herkunft fraglich ist und der Zusammenhang zwischen leitender Frage und Beweisthema von einer komplexeren Natur zu sein scheint. Wenn der Richter den Zeugen fragt: „Haben Sie gesehen, daß A aus dem Hause Z-Straße 12 kam?" „Ist er mit dem Wagen weggefahren?", dann findet — wie erörtert — dieses Fragen seinen Sinn darin, daß die zu erwartenden Antworten des Zeugen Aufschlüsse für die Beantwortung der Frage geben können, die sich auf das eigentliche Beweisthema richtet; m. a. W. die an den Zeugen gerichteten Fragen dienen der Beantwortung der Frage: „Hat der Angeklagte A am 30. 1. 1963 um 22.00 Uhr im Hause Z-Straße 12 in München ein Fenster eingeschlagen ... usw.?" Diese Frage wiederum ist nun auch nicht sinnlos gestellt. Sie soll die Frage beantworten helfen, ob A für Handlungen verantwortlich ist, die als Wegnahme fremder beweglicher Sachen in der Absicht rechtswidriger Zueignung zu beurteilen sind. Diese leitende Frage stiftet also den Sinn für alle ihr nachfolgenden Fragen, indem sie dem Beweisthema erst eine Bedeutung verleiht, dieses aber wiederum den Sinn der weiteren Fragen ausmacht. Nun ist aber auch die leitende Frage nicht ziellos gestellt. Wird nach ihrem Sinn gesucht, so kann dieser auch nur wieder darin gefunden werden, daß die Beantwortung dieser Frage zur Antwort auf eine andere „übergeordnete Frage" verhelfen kann. Und diese Frage, die sich der Richter stellen muß, lautet im konkreten Beispielsfall: „Soll gerade dieser Angeklagte A zu einer Strafe verurteilt werden oder nicht?" Der Richter hat darüber zu entscheiden, ob A für einige Zeit in ein Zuchthaus eingesperrt werden soll oder nicht.

An dieser Frage, die alle bisherigen mehr oder weniger theoretischen Fragen steuert, fällt etwas auf, was als ihre Wendung ins „Praktische" bezeichnet werden kann. Damit ist nicht nur gemeint, daß der Angeklagte in der Regel ein sehr tiefgehendes und persönliches Interesse an der Beantwortung dieser Frage hat. Auch der zur Entscheidung berufene Richter sieht sich hier und jetzt genötigt, sich die theoretischen Fragen vorzulegen und sie zu beantworten. Er steht in einer konkreten Situation, aus welcher die Stellung aller nachfolgenden Fragen (der leitenden Frage, der im Beweisthema enthaltenen Frage usw.) gerechtfertigt wird. In einer derartigen Situation befindet sich jeder, der sich konkrete Fragen nach einem zu untersuchenden Rechtsfall vorlegen muß. Das gilt für den Rechtsanwalt, der entscheiden muß, ob er zu Erlangung von Schadenersatz wegen des Hundebisses gegen den Nachbarn seiner Klientin Klage erheben soll oder nicht. Das gilt schließlich auch für die Klientin selbst, die daran denkt,

V. Die Voraussetzungen der Fragestellung

wegen dieser Angelegenheit ihren Anwalt aufzusuchen. Auch sie muß vorher — seien es auch noch so krause — Überlegungen anstellen, bei denen die Hervorhebung bestimmter Tatsachen der Vergangenheit mit der Entscheidung einer gegenwärtigen Lage zusammenhängt; Überlegungen anstellen aber heißt Fragen stellen.

Alle diese Situationen, aus denen sich die Fragen nach den Vorgängen der Vergangenheit erheben, besitzen ein gemeinsames Merkmal; sie sind durch etwas ausgezeichnet, was als ihre Regelungsbedürftigkeit beschrieben werden kann. Die Erkenntnis rechtlich relevanter Linien eines vergangenen Lebensverhalts findet ihren Sinn und Anstoß darin, daß ein gegenwärtiges Lebensverhältnis unter Rückgriff auf den vergangenen Lebensverhalt geregelt werden soll. Nun besteht diese Regelungsbedürftigkeit nie „an sich". Wenn es heißt, eine Situation sei regelungsbedürftig, so ist das eine objektivierende Wendung. Regelungsbedürftig ist eine Situation nur, wenn ein Regelungsbedürfnis entsteht. Regelungsbedürfnisse aber sind ganz auf Personen bezogen. Wenn niemand ein Regelungsbedürfnis empfindet, dann ist die Situation auch nicht regelungsbedürftig. Das Empfinden eines Regelungsbedürfnisses aber ist ein — weiter nicht mehr zu erhellendes — praktisches Interesse an dem künftigen Eintreten gewisser Regelungen. Das gilt z. B. für die vom Hunde des Nachbarn gebissene Frau. Die vorrationale Empfindung eines Bedürfnisses nach Schadensersatz und Genugtuung bemächtigt sich ihrer. Dieses praktische Interesse bringt das Fragen in Gang. Ein vergleichbares Interesse beherrscht auch den Anwalt. Er ist in irgendeiner Weise persönlich engagiert und empfindet deshalb die Situation ebenfalls als regelungsbedürftig. Der Gegner dagegen, der Nachbar, dessen Hund die Frau gebissen hat, verspürt zunächst unmittelbar kein Regelungsbedürfnis. Sollte ihn indessen ein außerordentliches Rechtsempfinden leiten, dann kann er die Situation zwar auch als regelungsbedürftig ansehen; das ist aber immer nur durch eine bestimmte Blickwendung möglich, wenn er sich nämlich an die Stelle und in die Situation der Frau zu versetzen sucht. Das Regelungsbedürfnis wird in diesem Fall nur „mittelbar" empfunden. In der Regel tritt das Regelungsbedürfnis beim Gegner erst ein, wenn er sich durch kundgegebene Ansprüche des Verletzten (oder durch die eigene Vermutung, der Verletzte werden Ansprüche erheben) seinerseits in seinem Bereich tangiert fühlt. Dieses Verhältnis besteht immer. Zunächst ist die Situation regelungsbedürftig für den, der sich gewissermaßen angegriffen, berührt fühlt. Erst nachträglich reflektiert auch der „Angreifer" darüber. Wenn ein rücksichtsloser Bewohner in einem Mietshaus am Sonntagmorgen laut hämmert, dann denkt er zunächst darüber gar nicht nach. Die aufgeschreckten Nachbarn dagegen empfinden ein Bedürfnis nach Ruhe und nach einer Ordnung dieser Angelegenheit. Die Frage nach der Rechtmäßigkeit oder wenigstens nach der allgemeinen Richtigkeit solchen Handelns taucht auf.

V. Die Voraussetzungen der Fragestellung

Der Lebensverhalt wird in der Folge dieses Fragens einer Untersuchung unterzogen und in seine rechtlich bedeutsamen Elemente zerlegt. Wird der Ruhestörer auf sein Verhalten hingewiesen, dann tritt plötzlich auch bei diesem das Regelungsbedürfnis auf: Er fühlt sich nun seinerseits angegriffen. So steuert ein praktisches Interesse der unmittelbar Betroffenen das theoretische Erkennen der rechtlich relevanten Linien eines Lebensverhalts. Aber auch die nur mittelbar Beteiligten, der Richter, der Staatsanwalt, der Polizeibeamte, sie alle werden von einem praktischen Interesse geleitet, und erst dadurch wird die theoretische Hinwendung auf das Erkennen des gerade wichtig gewordenen Lebensverhalts ermöglicht. Nur ist dieses praktische Interesse bei ihnen nicht ein rein persönliches, sondern mehr ein überpersönliches, ein abgeleitetes Interesse. Sie fühlen sich als Vertreter einer Gesellschaft, die es übernommen hat, durch sie und mit ihrer Hilfe regelungsbedürftige Situationen um der allgemeinen Sicherheit willen autoritativ zu regeln. Aus diesem Verantwortungsgefühl resultiert das praktische Interesse an den Fällen. Der Polizeibeamte etwa ist zur Verfolgung von Straftaten berufen. Wird er plötzlich in eine Situation versetzt, in welcher er eine strafbare Handlung zu beobachten glaubt, dann empfindet er irgendwie, daß diese Situation gewissermaßen aufdringlich sein Eingreifen verlangt. Das erst löst die Reflexionen aus, die er anzustellen hat, um die Rechtmäßigkeit des geplanten Eingreifens zu beurteilen.

Das theoretisch-juristische Erkenntnisinteresse entspringt also letztlich immer vitalen, vorrationalen, praktischen Bedürfnissen. Ein unreflektiert und gefühlsmäßig sich aufdrängendes praktisches Regelungsinteresse in der passiven Sphäre verwandelt sich in rationales Fragen, aus dem eine rational gesteuerte Regelung erst hervorgehen kann.

Damit sind jedoch die Fragestellungen im Rahmen einer Sachverhaltsermittlung nicht etwa vor anderen Fragestellungen ausgezeichnet. Die Verwurzelung rationalen Fragens in praktischen Interessen gilt weitgehend auch für die wissenschaftlichen Fragestellungen. Erst wenn die Aufmerksamkeit durch vorrationale „Scheinwerfer des Interessenehmens" „auf ein Stück oder eine Seite oder einen bestimmten Schnitt durch die Gesamtwirklichkeit gelenkt" ist, „kann die eigentliche Erforschung dieses nunmehr belichteten Gegenstandsbereichs" beginnen[2]. Diese Verwurzelung im Praktischen besteht auch dann, wenn die Forschung schließlich von allen praktischen Interessen bewußt absehen will. „Noch nie ist Entscheidendes gefunden worden, das nicht bewußt oder unbewußt gesucht wurde. Auch die erstaunlichsten Entdeckungen und Erfindungen geschehen immer in dem Augenblick, wo der Lebenswille ihrer bedarf[3]."

---

[2] Rothacker S. 47.
[3] Otto S. 47.

V. Die Voraussetzungen der Fragestellung

Vor allem auch die geschichtliche Forschung liefert hier ein Beispiel. Der Gedanke, daß ein „gegenwärtiges Interesse unserer Lebensaktualität"[4] eine Voraussetzung historischen Erkennens ist, klingt immer wieder an. Der Historiker Wittram hat das Problem in einer Vorlesungsreihe berührt, die bezeichnenderweise den Titel trägt: „Das Interesse an der Geschichte"[5]. Dort legt er auseinander, daß „die hohe Funktion der jeweiligen Gegenwart bei der Geschichtserkenntnis gar nicht geleugnet" werden könne. „Das Interesse an der Vergangenheit aus den emporschießenden, treibenden und bewegenden Fragestellungen der Gegenwart" gehöre zur Fruchtbarkeit geschichtlicher Forschung. „Oft, wenn jemand von uns etwas neues sieht, kann er selbst oder kann ein Rezensent mehr oder weniger genau angeben, wo das Agens seines Vorstoßes zu suchen ist; und auch wenn man das nicht kann, lebt jeder von uns aus dem Pulsschlag der Gegenwart. Das Geschichtsinteresse ... ist keineswegs fern von den Antrieben der Gegenwart. Es geht genauso wie jedes andere aus ihnen hervor[6]." Streit besteht lediglich darüber, mit welcher Intensität „das gegenwärtige Orientierungsbedürfnis einer jeweiligen Gemeinschaft über ihren Weg von alters her zum Heute"[7] das geschichtliche Erkennen beeinflußt. Doch hält man grundsätzlich daran fest, daß jedes historische Problem letzten Endes dem „wirklichen Leben"[8] entspringt[9]. Das „Orientierungsbedürfnis" des eine Gemeinschaft repräsentierenden Historikers, das den Anstoß zu geschichtlicher Forschung gibt, ist — bis in die sprachliche Bezeichnung hinein — ein genaues Analogon zu dem Regelungsbedürfnis, das die Fragen des Urteilers erst ermöglicht.

Ist mit dieser Verwurzelung des theoretischen Interesses im praktischen vorrationalen Bereich jetzt zwar das fragende Verhalten des Urteilers insoweit erklärt, als aus dieser passiven Sphäre der Anstoß für das Fragen kommen muß, so steht doch noch offen, woher der Inhalt der gestellten Fragen rührt. Dieser Frageinhalt hat einen dreifachen Grund, da das Gefragte, das Befragte und das Erfragte auf je verschiedene Momente in einer Frage hinweisen. Weil diese Momente in jeder gestellten Frage aber bereits zusammenwirken, ergibt sich für die Untersuchung die Schwierigkeit, bei der Deutung des Ursprungs des einen Moments jeweils die anderen mitdenken zu müssen. Denn das Erfragte kann nicht ohne das Gefragte und das Befragte, und diese können nicht ohne jenes gedacht werden. Das Erfragte wird verstanden als das, was den Sinn des Fragens aus-

---

[4] Betti (1) S. 114 und (2) S. 12, S. 19 f.
[5] Wittram, a. a. O.
[6] Wittram S. 11.
[7] Wittram S. 115.
[8] Collingwood (1) S. 112.
[9] Vgl. ferner Weber S. 542 und Carr S. 24 ff.

macht, womit auch die Perspektive des Urteilers gegeben ist. Es legt mithin das Moment fest, das der Frage zu ihrer Bedeutsamkeit verhilft, das Moment, aus dem sich bei den Fragen nach Rechtsfällen die Relevanz der erfragten Tatsachen ergibt. Nun werden sich dem Urteiler stets die bedeutsamen Linien gewissermaßen von selbst aufdrängen, wenn er mit der Wendung vom praktischen zum theoretischen Interesse — einer Wendung, die der geschulte Jurist schneller und gründlicher als andere vollziehen wird — einen bestimmten Lebensverhalt in den Blick nimmt. Aus dem bloßen Bedürfnis nach der Regelung einer bestimmten Situation ergibt sich indessen noch nicht, was das je Bedeutsame ist und was als „unwesentlich" vernachlässigt werden kann und keiner besonderen Hervorhebung bedarf. Die Perspektive ist mit dem praktischen Regelungsinteresse als solchem noch nicht ohne weiteres gegeben. Aber der Grund des Erfragten muß mit dem Anstoß, von dem das Fragen ausgeht, zusammenhängen, weil der Fragesinn sich auf eine konkrete Situation bezieht. Die Perspektive des Urteilers ist von dieser jeweiligen Lage bestimmt, und das kann nur so geschehen, daß mit der Regelungsbedürftigkeit der Situation gleichzeitig mögliche Auswege aus dieser Situation aufscheinen. Das wiederum setzt aber mindestens die Annahme einer allgemeinen Grundidee voraus, auf die sich die spätere Regelung irgendwie beziehen muß. Die Weise und die Richtung der zu treffenden Regelung werden damit vorgegeben. Die Perspektive des Urteilers resultiert letztlich daraus, daß eine bestimmte Regelungsweise in Aussicht genommen wird — und zwar so, daß die Erwartung dieser Regelungsweise eine Reihe von Regelungsmöglichkeiten in den Blick bringt, von welchen her Tatsachen als relevante Tatsachen erfragbar werden. Die Relevanz eines erfragten Faktums ergibt sich demnach nicht allein aus dem Daß der Regelungsbedürftigkeit der Situation, sondern bezieht sich auch auf das Wie der zu treffenden konkreten Regelung. Allerdings nicht so, daß die Regelung als solche damit vorweggenommen würde. Wie die erwartete Regelung der Situation aussehen wird, d. h. im Beispielsfalle, ob A als Dieb mit Zuchthaus bestraft wird oder nicht, das bleibt weiterhin offen, wenn die Regelungsweise als der Hinblick des Fragens ins Auge gefaßt wird; denn jede Regelungsweise befaßt mehrere Regelungsmöglichkeiten in sich; aber die Richtung, in welcher die Regelung liegt, wird damit festgelegt; und damit ist die Perspektive des Urteilers gegeben, nach welcher die Fakten in bedeutsame und nicht-bedeutsame geschieden werden.

Daß das Regelungsbedürfnis allein nicht ausreicht, um diese Scheidung zu ermöglichen, daß vielmehr die je in Aussicht genommene Regelungsweise hinzutreten muß, aus welcher sich die Perspektive des Urteilers ergibt, das beruht schon darauf, daß es verschiedene Regelungsweisen gibt, unter welchen die Regelung nach rechtlichen Gesichtspunkten nur *einen* Modus darstellt. Nicht alle in einer regelungsbedürftigen Situation

V. Die Voraussetzungen der Fragestellung

unter irgendeiner Perspektive als relevant erfragbaren Tatsachen sind schon als rechtlich relevante Tatsachen verstanden. Das zeigt sich ohne weiteres an Situationen, die zwar auch als regelungsbedürftig erscheinen, bei welchen die Entscheidung und Regelung aber nicht nach rechtlichen, sondern nach außerrechtlichen Gesichtspunkten erfolgen soll. Wenn z. B. mehrere Personen an demselben Tisch sitzen wollen, dann stellt sich sofort das Bedürfnis nach einer Sitzordnung ein. Gleichgültig, ob es sich hier um die Tischordnung bei einem diplomatischen Empfang oder um ein Essen im Familienkreise handelt, gleichgültig auch, ob die Regelung schließlich genau und wörtlich festgelegt oder ob sie sich scheinbar ohne weiteres und „von selbst" ergibt, in irgendeiner Weise wird immer eine willentliche Regelung stattfinden, und das heißt, daß eine bestimmte Regelungsweise in Aussicht genommen worden ist. In diesem Fall richtet sich das Wie der Regelung nicht nach rechtlichen Gesichtspunkten, sondern nach Konventionen, außerrechtlichen Zweckmäßigkeiten usw. In der dadurch vorgegebenen Perspektive können gewisse Tatsachen als bedeutsam und wichtig erfragt werden; andere sind unwesentlich, ihnen wird kein Interesse entgegengebracht. Bedeutsam sind dann solche Tatsachen, aus denen eine Regelung der Situation, die in der Erwartungsrichtung liegt, gerechtfertigt und begründet werden kann. Nicht nur die Tatsachen, aus denen die schließlich getroffene Entscheidung begründet wird, erscheinen also als bedeutsam, sondern alle Fakten, auf welche sich überhaupt Regelungen der angezielten Art stützen lassen. Bei sog. „offiziellen Anlässen" etwa fordert die Sitte eine Tischordnung nach Alter und Rang der Beteiligten. Das Alter und die beruflichen oder sonstigen Ehren einer Person sind für die zu treffende Regelung also relevant. Die Tatsache, daß der Beteiligte X 80 Jahre alt ist, bleibt damit auch dann bedeutsam, wenn die schließlich festgelegte Sitzfolge nur den „Rang" der Beteiligten berücksichtigt, eben weil das Faktum des hohen Alters des X den Grund für eine andere in derselben Richtung liegende Ordnung liefern könnte. Daraus folgt, daß die Nichtberücksichtigung dieser Tatsache irgendwie einer — ausdrücklichen oder stillschweigenden — Begründung bedarf. Denn ein relevantes Faktum kann nicht einfach übergangen werden.

Entsprechend werden bestimmte Tatsachen in einer regelungsbedürftigen Situation dann als *rechtlich* relevante hervorgehoben, wenn die erwartete Regelung selbst an der Rechtsidee irgendwie ausgerichtet sein soll. Diese Ausrichtung auf die Rechtsidee macht eben die Rechtsbezüglichkeit einer als bedeutsam erfragbaren Tatsache aus[10]. Auch hier kommen als rechtlich relevant nicht nur die Fakten in den Blick, aus denen die schließlich getroffene Entscheidung begründet werden kann, sondern alle Fakten,

---

[10] Larenz (2) S. 304 f. weist darauf hin, daß die Rechtsidee den Fall zum Rechtsfall macht, wodurch eine Vergleichung von Rechtsfällen erst ermöglicht wird.

aus denen sich überhaupt rechtliche Regelungen der Situation begründen lassen — wenn es sich dabei nur überhaupt um *rechtliche* Regelungen handelt. Denn die rechtliche Relevanz der Fakten muß ja vor jeder Regelung aufleuchten, weil sonst gar keine rechtliche Regelung der Situation erfolgen könnte. Die Bedeutsamkeit der Fakten ergibt sich nicht erst nachträglich, sondern aus der Regelungsbedürftigkeit der Situation selbst in Verbindung mit der durch die Rechtsidee bestimmten Richtung, in welcher die Entscheidung zu suchen ist. Die Regelungsbedürftigkeit liegt eben vor der Regelung der Situation und läßt mehrere Regelungsmöglichkeiten offen, und zwar mehrere Möglichkeiten, die sich alle in gleicher Weise auf die Rechtsidee beziehen. In dem oben erörterten Beispiel beziehen sich sowohl eine Verurteilung des A wegen schweren Diebstahls wie auch ein Freispruch auf die Rechtsidee. Aber hier ist der Blick durch die Erinnerung an den Grundsatz „nulla poena sine lege scripta" und die §§ 242, 243 StGB schon eingeengt. In anderen Fällen, die noch vor jeder allgemeinen gesetzlichen oder auch gewohnheitsrechtlichen Regelung betrachtet werden können, zeigt sich sofort eine Fülle von Regelungsmöglichkeiten, die alle irgendwie rechtliche Regelungen vorschlagen. Das sei an einem weiteren Beispiel[11] näher erläutert: Es sei angenommen, daß sich in einer Zeit der Verknappung von Lebensmitteln vor einem Geschäft, in dem Mangelwaren ausgegeben werden, eine große Zahl von Menschen ansammelt, die Lebensmittel kaufen wollen. Dazu sei die Aufgabe gestellt, nach rechtlichen Gesichtspunkten zu regeln, in welcher Reihenfolge diese Menschen zum Kauf in das Geschäft eingelassen werden sollen. Ohne Anspruch auf eine auch nur annähernde Vollständigkeit des Katalogs können einige Arten von Fakten hervorgehoben werden, die sich für die zu treffende Regelung als rechtlich relevant erweisen lassen: 1. Unter den vielen Leuten befinden sich sehr verschieden geartete Menschen; die vielbeschäftigte Hausfrau steht neben dem beruflich nicht mehr verpflichteten Rentner, der kräftige Mann neben der schwachen Greisin, die schwangere Frau neben dem Schwerbeschädigten; der eine ist durch berufliche Tätigkeit am langen Warten gehindert, der andere durch Krankheit usw. 2. Diese Menschen sind nacheinander in einer weitgehend feststellbaren Reihenfolge vor dem Geschäft angekommen. 3. Die zu kaufenden Waren sind leicht verderblich und müssen deshalb schnell verteilt werden. — Das sind alles Tatsachen in dem zu beurteilenden Lebensverhalt, die dadurch in den Blick gekommen sind, daß eine rechtliche Regelung der Situation erwartet wird. Eine autoritative Entscheidung wird nun meistens die Reihenfolge der Ankunft als maßgebend für die Regelung der Situation ansehen[12]. Damit bleiben aber auch die bei dieser Entscheidung unberücksichtigt gebliebenen Fakten weiterhin rechtlich relevant,

---

[11] Beispiel von Henkel, a. a. O.
[12] Henkel S. 22.

V. Die Voraussetzungen der Fragestellung

und das heißt, daß bei der Sachverhaltsbildung, die hier in Ansätzen durchgeführt wurde, „sinnvoll" nach diesen Tatsachen gefragt worden ist. Rechtlich relevant sind nicht nur die Fakten, auf deren schließliche Beurteilung sich die Entscheidung stützt, sondern auch solche Tatsachen, deren Verwertung in der Entscheidung unter einem anderen rechtlichen Gesichtspunkt zu einer anderen Regelung führen würde. Gibt es solche Tatsachen, die zu einer anderen Ordnung der Situation führen würden, so muß bei der Entscheidung für die eine und gegen die andere Regelung die nicht zum Zuge gekommene Regelungsmöglichkeit mit Gründen zurückgewiesen werden. Wichtig ist dabei, daß eine derartige Zurückweisung einer Begründung bedarf. Die Untersuchung des besprochenen Falles bei Henkel („Recht und Individualität") ist ein Beispiel für eine solche begründete Zurückweisung von bestimmten Regelungsmöglichkeiten. Daß die Begründung hier stets erforderlich ist, das zeigt eine Gegenüberstellung mit Fakten, deren Berücksichtigung unter der Herrschaft des Rechtsgedankens zu keiner irgendwie annehmbaren Regelung führen würde. Würde etwa der Vorschlag gemacht, die Käufer in der Reihenfolge ihrer Körpergröße einzulassen — wobei also das Verhältnis der Körpermaße ein entscheidendes Faktum wäre, so könnte dieser Vorschlag ohne Gründe als „völlig indiskutabel" zurückgewiesen werden. Das Verhältnis der Körpermaße ist hier mithin ein „völlig irrelevantes" Faktum, nach dem bei der Sachverhaltsbildung nicht in sinnvoller Weise gefragt werden kann.

Das Beispiel zeigt, daß die unmittelbare Relevanz eines als rechtlich bedeutsam erfragbaren Faktums immer dann auftaucht, wenn in einer regelungsbedürftigen Situation die Rechtsidee als der leitende Gedanke, als der Horizont der zu treffenden Regelung erscheint. Damit werden die grundsätzlich bestehenden Regelungsmöglichkeiten zwar eingeschränkt, denn nur *eine* Regelungsweise kommt noch in Betracht; aber der schließlichen Regelung wird damit nicht vorgegriffen, da immer noch verschiedene Möglichkeiten offenbleiben. Die Rechtsidee gibt im Rahmen der Sachverhaltsbildung allen Fragen nach Tatsachen ihre Richtung und ihren Sinn. Das Erfragte, aus dem sich der Sinn einer Frage ergibt, ist damit letztlich durch die Perspektive bestimmt, die durch die Ausrichtung auf die Rechtsidee entsteht. Wird im Rahmen einer Tatsachenfeststellung nach einem Faktum gefragt, so ist deshalb dieses Faktum, so wie es erfragt ist, immer schon als ein relevantes Faktum verstanden, und das heißt, daß es — zusammen mit den anderen durch die Grundfrage erfragten Fakten — einen Grund liefern kann für eine als rechtlich aufgefaßte mögliche Regelung der Situation.

Die beiden anderen Momente der Frage, die den Frageinhalt ausmachen, sind scheinbar in ihrem Ursprung wesentlich einfacher zu bestimmen. Dem Gefragten liegt der Lebensverhalt voran; die Frage nach einem

Rechtsfall setzt einen Lebensverhalt voraus: Ohne Tatsachen keine Tatsachenerfassung! Doch kann davon nicht ohne weiteres ausgegangen werden. Denn es ist ja nicht so, daß dem Urteiler vor seiner Fragestellung dieser Lebensverhalt schon als gedeuteter, gegliederter und geordneter Vorgang passiv gegeben ist, sondern der Urteiler muß in der Sachverhaltsbildung diese Deutung, Gliederung und Ordnung erst schaffen, auf daß sie dann kritisch auf ihre Richtigkeit hin geprüft werden kann. Was dem Urteiler hier passiv vorliegt, ist also erst eine vorgegenständliche Tatsachenwelt, die noch nicht Gegenstand ist, aber doch objiziert werden kann, indem sie in der Frage zum Fragegegenstand wird. Das passiv Gegebene bildet vor der Fragestellung erst die Möglichkeit ausdrücklicher Erfassung. Aber in dieser Weise ist der Lebensverhalt dem Urteiler immer vorgegeben, wenn er zur Fragestellung ansetzt. Das gilt nicht nur dann, wenn der Urteiler die relevanten Fakten selbst unmittelbar wahrnehmen konnte, sondern auch dann, wenn er den Vorgang nur vermittelt durch fremde Zeugnisse wird rekonstruieren können. Der Lebensverhalt als zu erfragender Lebensverhalt ist dem Urteiler im letzten Falle durch diese Zeugnisse hindurch gegeben — aber er ist ihm gegeben. Das muß so sein, weil sonst der Urteiler nicht wüßte, woraufhin er die Zeugnisse zu befragen hätte, wenn er des Gefragen nicht schon vorher irgendwie ansichtig wäre.

An dieser Stelle zeigt es sich, daß das zu befragende Material — sei es die eigene Erinnerung des Urteilers, seien es fremde Mitteilung oder sonstige Fakten — auch schon immer mit zu den Wurzeln des Fragens gehört, weil ohne Befragtes keine Frage und damit auch kein Erfragtes und kein Gefragtes möglich sind. Der Lebensverhalt zeigt sich dem Urteiler nicht so, wie er „an sich" war, sondern so, wie das in der Gegenwart bereitstellbare Material ihn zu sehen erlaubt. Hier wird eine für den Urteiler unübersteigbare Schranke sichtbar, die Beschränktheit des Materials, die von Droysen und anderen oft genug apostrophiert worden ist[13]. Das überhaupt bereitstellbare Material trägt schon von vornherein seine Grenzen in sich. In mehrfacher Hinsicht ist das Wissen von Zeugen beschränkt. Ein Zeuge hat einen Vorgang, an den er sich erinnert, nie vollständig wahrgenommen, weil er ihn stets nur von einer Seite betrachten konnte. Darüber hinaus hat er auch an dem, was er im großen und ganzen wahrgenommen hat, nicht alle Einzelheiten gesehen oder gehört. Ferner kann sein Erinnerungsvermögen getrübt sein. Schließlich aber — da seine Aussage nur eine endliche Zahl von Sätzen enthält — wird er selbst dann, wenn er viele Einzelheiten wahrgenommen hat, nicht alles berichten, was er weiß, er wird zusammenfassen und abkürzen. Das gilt für jeden Zeugen, auch für den gutwilligen Zeugen. Mit der

---

[13] s. o. S. 17.

Zusammenfassung und Abkürzung, die notwendig erfolgen müssen, bringt der Zeuge auch schon seine besondere Deutung des Vorganges in die Aussage hinein, ja diese Deutung liegt allein schon deshalb in seiner Aussage, weil sie sprachlich formuliert ist. Der Zeuge hat mit seinen Kategorien den Vorgang erfaßt und darauf ist der ihn befragende Richter angewiesen. Was die sachlichen Beweismittel anbetrifft, so bringen sie zwar selbst — von Urkunden abgesehen — keine eigene Verarbeitung des Lebenshalts mit wie ein Zeuge, indessen auch sie unterliegen dem Prinzip, daß sie auf nur je bestimmten Seiten des einheitlichen Lebensvorganges verweisen und insofern begrenzt sind. Das dem Richter zur Verfügung stehende Material stellt also in jedem Fall eine einschränkende Auswahl dar und enthält häufig schon eine Deutung, eine „kategoriale Vorformung", die der Lebensverhalt im Bewußtsein der beteiligten Personen erfahren hat. Nur innerhalb der so abgesteckten Grenzen ist der Lebensverhalt dem Urteiler für seine Grundfrage passiv vorgegeben.

Damit erklärt sich der Ursprung der Fragestellung aus der empfundenen Regelungsbedürftigkeit der konkreten Situation, in die sich der Urteiler gestellt sieht, aus der durch den Vorgriff auf die erwartete Regelungsweise gegebenen Perspektive und aus der passiv erfolgten Rezeption des Lebensverhalts, soweit er für den Urteiler objizierbar ist. Allerdings ist dabei im Auge zu behalten, daß die getroffene Unterscheidung letztlich eine Abstraktion darstellt. Denn entweder sind alle Momente zusammen und gleichzeitig gegeben, oder aber es liegt keines von ihnen vor. Wenn eine Situation als regelungsbedürftig empfunden wird, dann enthält diese Empfindung auch immer schon je einen Vorgriff auf die zu treffende Regelung, und gleichzeitig muß auch immer schon ein praktisches Wissen um die zu erfragenden Tatsachen vorhanden sein, weil sonst die Situation gar nicht als regelungsbedürftig empfunden werden könnte. Hat etwa der Betroffene die Erinnerung an die ihm zugefügte Beleidigung verloren (diese Erinnerung wäre befragbares Material), dann wird er die gegenwärtige Situation — jedenfalls bewußt (und das allein ist hier interessant) — nicht als regelungsbedürftig empfinden; damit wäre ihm aber auch die Möglichkeit genommen, den vergangenen Lebensverhalt unter Hinwendung auf die Rechtsidee in den Blick zu nehmen.

VI. Der Einfluß der zu ermittelnden Rechtssätze auf die Grundfrage

Die Rückführung des in der Grundfrage Erfragten auf die in der jeweiligen Situation durch den Urteiler ins Auge gefaßte, durch die Rechtsidee bestimmte Weise der zu treffenden konkreten Regelung ist zwei Einwänden ausgesetzt, die möglicherweise erhoben werden könnten. Diese Einwände widersprechen einander. Der erste kritisiert, daß mit dieser Erklärung des Erfragten die Rechtsbezüglichkeit der Sachverhaltsbildung, die doch gerade zur Diskussion stehe, in eben diese Sachverhaltsbildung hineininterpretiert werde, womit das Ergebnis der Untersuchung praktisch vorweggenommen sei. Der zweite Einwand dagegen hält die Rechtskenntnisse, die jeder Urteiler praktisch besitze, für ein notwendiges Konstituens der Grundfrage und geht damit über die hier gegebene Deutung des Erfragten hinaus, welche diese Rechtskenntnisse bisher ausgeklammert hat.

Der erste Einwand ist nicht stichhaltig. Er berücksichtigt nicht die von Max Weber und anderen herausgearbeitete Erkenntnis, daß jede Tatsachenfeststellung notwendig wertbezogen ist und daß jede Darstellung von Fakten daher notwendig auch die Perspektive des Darstellenden enthält. Welche Werte aber soll der Urteiler seinen Feststellungen zugrunde legen, wenn nicht solche, die durch die Rechtsidee vorgegeben sind? Und unter welcher Perspektive soll er ein Faktum erfassen, wenn nicht unter den Gesichtspunkten, die durch diese Idee nahegelegt werden? Darüber hinaus verkennt dieser erste Einwand auch den Charakter der Situation, in welcher der Urteiler sich befindet und aus der heraus er den Anstoß für sein gesamtes Handeln empfängt. Diese Situation ist nicht statisch und starr, sondern drängt von vornherein auf ihre Lösung hin. Sobald sich der Urteiler in die fragliche Situation gestellt sieht, wird diese Situation auch schon gesichtet als eine „Ganzheit der Bedingungen möglichen Tuns", die „auf die Zukunft hin geöffnet", auf eine Entscheidung hin angelegt ist[1]. Die Regelungsbedürftigkeit der Situation ist eben nicht denkbar, ohne daß sich gleichzeitig irgendwie eine oder mehrere Regelungsmöglichkeiten anbieten. Die Rechtsidee als die Einheit der so mitgegebenen Regelungsmöglichkeiten muß daher in die Analyse der Tätigkeit des Ur-

---

[1] Kuhn (2), S. 127 f.

VI. Der Einfluß der Rechtssätze auf die Grundfrage

teilers einbezogen werden, wenn diese Tätigkeit überhaupt verstanden werden soll.

Der hier hervorgehobene Grundgedanke ist auch in der rechtsphilosophischen Literatur schon vertreten worden. Es sei nur auf die Arbeit von Reinach über die apriorischen Grundlagen des bürgerlichen Rechts hingewiesen[2]. Reinach, der seine Untersuchung als „Ontologie oder apriorische Gegenstandslehre"[3] der „spezifisch rechtlichen Gebilde"[4] versteht, also keine Erkenntnis- oder Methodenlehre entwerfen will, gelangt bei diesem ganz andersartigen Ansatz ebenfalls zu einem Ergebnis, das dem oben entwickelten analog ist. Er geht von apriorischen Strukturen aus, die unabhängig von jedem erfassenden Bewußtsein allen Gesetzen und Rechtssetzungsakten schon vorausliegen und so die positiv-rechtlichen Setzungen erst ermöglichen[5]. Dieselben apriorischen Strukturen — also rechtliche Seins- und Sinnzusammenhänge — tauchen aber auch irgendwie an Lebensverhalten auf und ermöglichen erst die Herausarbeitung des rechtlich bedeutsamen Geschehens[6]. Spezifisch Rechtliches muß demnach auch nach Reinachs Meinung an den Lebensverhalten sichtbar werden, wenn die Bildung von Sachverhalten möglich werden soll. Wenn der erkenntnistheoretisch-methodologische Ansatz der vorliegenden Untersuchung zu einigen von Reinach abweichenden Thesen kommt, so ändert das nichts an der grundsätzlich in dieser Beziehung herrschenden Übereinstimmung.

Der zweite Einwand führt die nicht gut zu leugnende Tatsache ins Feld, daß viele Urteiler — zumal die juristisch vorgebildeten unter ihnen — bereits in der Sammlung und Sichtung der Fakten, die schließlich im Sachverhalt beschrieben werden, den Blick auf ganz bestimmte Rechtssätze gerichtet halten, an denen der fertige Sachverhalt später in der eigentlichen Rechtsanwendung gemessen werden wird. Für die Grundfrage, die sich der Urteiler am Beginn der Sachverhaltsbildung stellt, bedeutet das, daß sie nicht vollständig und voll entwickelt sein kann, wenn nicht die später anzuwendenden Rechtssätze in einem Vorgriff in sie hineingearbeitet worden sind. Das liegt indessen auch in der Konsequenz der bisherigen Untersuchung. Denn mit der durch die Rechtsidee bestimmten Regelungsweise, welche die Perspektive für die Fragestellung abgibt, müssen notwendig auch die dem Urteiler bekannten Gesetzessätze und Präjudizien, die bestimmte Regelungsmöglichkeiten bieten, in den Blick gekommen sein. Zumindest wird dadurch die Möglichkeit eröffnet, nach derartigen

---

[2] Reinach, a. a. O.
[3] Reinach S. 17.
[4] Reinach S. 14.
[5] Reinach S. 18 u. a.
[6] Reinach S. 211—214.

Rechtssätzen zu suchen. Jedoch ging es zunächst einmal darum, den ursprünglichen Ansatz des Erfragen in der Rechtsidee aufzuzeigen. Zwar sieht es auf den ersten Blick so aus, als ob der Urteiler den Grundgedanken seiner leitenden Frage unmittelbar einem Gesetz entnähme; auf dieser unausgesprochenen Voraussetzung ist auch die obige Darstellung des Fragefortganges aufgebaut, die mit einer aus §§ 242, 243 StGB entwickelten Grundfrage beginnt. Doch war das nur eine vorläufige Vereinfachung. Denn es läßt sich nicht nur zeigen, daß die rechtliche Bedeutung eines Faktums in vielen Fällen ohne Gesetzeskenntnis erkannt wird, sondern auch, daß diese Bedeutung häufig ohne *Rechtskenntnisse* erkannt werden muß.

Daß Gesetze und Vorentscheidungen bei der Erkenntnis der Relevanz eines Faktums — wenigstens im Anfang der Fragestellung — keine Rolle spielen können, beweist schon die Betrachtung des Verhaltens rechtsunkundiger Laien. Die vom Hunde des Nachbarn gebissene Klientin weiß schon um die Bedeutung dieses Falles, wenn sie deswegen ihren Anwalt aufsucht[7]. Sie ist in der Lage, darüber unter rechtlichen Gesichtspunkten zu sprechen, auch wenn ihr dabei mannigfache Irrtümer hinsichtlich der Wesentlichkeit des Dargestellten unterlaufen. Das eigentlich Bemerkenswerte ist ihr Wissen um die juristische Relevanz bestimmter Tatsachen, nicht sind es die unterlaufenden Irrtümer. Auch der oben erwähnte Zeuge weiß um die Bedeutung dessen, was er beobachtet hat, und er gibt das zu erkennen, wenn er auf die inhaltlich unbestimmte Frage: „Was haben Sie gesehen?" eine auch nur einigermaßen präzise Aussage macht, die einen Vorhalt erübrigt. Man kann diese Feststellungen nicht mit der Bemerkung abtun, daß die Klientin oder der Zeuge schon etwas von Tierhalterhaftung oder Diebstahl gehört haben und infolgedessen ihr Wissen um bestimmte Fakten in dergleichen Kategorien einordnen können. Auch ein ausgebildeter Jurist wird nicht alle gesetzlichen Bestimmungen und alle richterlichen Entscheidungen, die er zur Lösung eines Falles benötigt, stets gegenwärtig haben, er wird aber trotzdem meistens in der Lage sein, das juristisch Relevante in der Hauptsache herausarbeiten, d. h. einen Sachverhalt zu bilden. Darüber hinaus aber gibt es Fälle, bei welchen es zweifelsfrei feststeht, daß die rechtliche Relevanz der Fakten nicht von Gesetzen und Vorentscheidungen abhängt. Das Wissen auch des kenntnisreichsten Richters ist nicht ausreichend, um die Stellung einer richtigen Grundfrage in jedem Falle zu ermöglichen. Das gilt nämlich immer dann, wenn der Richter eine „Lücke" im Gesetz zu erkennen glaubt, die noch nicht durch Vorentscheidungen ausgefüllt ist, wenn also der aus dem Gesetz mit Hilfe von allen möglichen Auslegungsmethoden herauszupräparierende „Obersatz" auf den gerade zu beurteilenden Fall

---

[7] Beispiel von Larenz (1) S. 201.

VI. Der Einfluß der Rechtssätze auf die Grundfrage

nach Meinung des Richters nicht „paßt". In einem solchen Fall ist es erst eine zweite Frage, ob die aus diesem Obersatz sich ergebende Beurteilung des gerade zur Entscheidung stehenden Falles nach Meinung des Urteilers der konkreten Lage dieses Falles gerecht wird oder nicht. In erster Linie ist hier maßgebend, daß der Urteiler an seinem Fall etwas entdeckt hat, was die Frage nach einer möglichen Abweichung von Gesetzen und Vorentscheidungen aufwirft. M. a. W. der Urteiler sieht an seinem Fall Züge, die er für wesentlich, für relevant hält, ohne daß sich diese Relevanz aus der Betrachtung von Gesetzen und Rechtsprechungsergebnissen herleiten ließe, weil es sich ja gerade um eine ungeregelte „Lücke" handelt. Dasselbe gilt auch für eine rechtsergänzende Tätigkeit des Richters, etwa die Herausarbeitung von Umständen eines Falles, die später als mildernd oder als erschwerend berücksichtigt werden können. Am deutlichsten aber sind die Fälle, die ganz ungeregelt sind, wie etwa der oben besprochene Fall von Henkel.

Ergibt sich schon daraus, daß es nicht die Rechtskenntnisse sind, die das Erfragte an den richterlichen Fragen von Anfang an bestimmen, so wird das noch deutlicher, wenn in Betracht gezogen wird, daß für den Obersatz, also für die sprachliche Zusammenfassung der später anzuwendenden Rechtssätze, nur wesentlich ist, was auf den konkreten Fall Bezug hat. Die Auswahl und Ausarbeitung der Rechtssätze richtet sich also ihrerseits nach den bei der Sachverhaltsbildung erfragten Tatsachen. Sie kann daher nicht vorausgesetzt werden, wenn es um die Erfassung dieser Tatsachen selbst geht. Was im Obersatz ausgearbeitet wird, kann die ursprüngliche Fragestellung nicht dirigieren, weil es selbst auf das Gefragte bezogen ist und im Hinblick darauf entworfen wird.

Daraus ergibt sich, daß die rechtserheblichen Züge eines Lebensverhalts grundsätzlich ohne Bezugnahme auf die Sätze des geschriebenen oder Gewohnheitsrechts erfragt werden können, wenn nämlich dieser Lebensverhalt unter Hinsehen auf die Rechtsidee in den Blick genommen wird. Das In-Gang-Bringen des Fragens wird vollzogen unabhängig von Rechtssätzen, die ja selbst durch eben dieses Fragen erst ins Spiel gebracht werden. Es ist daher festzuhalten, daß bis zu diesem Punkt der fragende Jurist dem fragenden Historiker nichts voraus hat. Beide verhalten sich zu ihren Tatsachen insoweit in einer vergleichbaren Weise[8]; beide sind zwar an gewissen Fakten interessiert, an diesen Fakten indessen nur, soweit sie eine Bedeutung haben; aber diese Bedeutung ist nicht in einer ausgearbeiteten Weise vorgegeben, sondern bedarf ihrerseits einer besonderen Auseinanderlegung, die sich nach den Tatsachen richtet[9].

---

[8] Gadamer S. 321.
[9] Carr S. 12 f.

Nun gilt diese Unabhängigkeit des in der Grundfrage Erfragten von allen Rechtssätzen nur grundsätzlich, gewissermaßen für den ersten Durchgang des Fragens. *Unmittelbar* kann der Urteiler den Grundgedanken seiner leitenden Frage nicht einem Gesetz entnehmen, auch wenn ein einschlägiges Gesetz vorhanden ist — etwa §§ 242, 243 StGB. Wohl aber geschieht das in einer *vermittelten* Weise. Die Untersuchung steht daher vor dem Problem, wie und unter welchen Bedingungen sich der Einbau der Rechtssätze in das Fragen vollzieht. Die Lösung dieses Problems setzt eine Untersuchung des Verhältnisses voraus, in dem die Rechtssätze und die zu beurteilenden Lebensverhalte zueinander stehen.

Dem Urteiler erscheinen in der rechtlichen Beleuchtung stets gewisse Fakten als wesentlich, und damit erfaßt er auch gewisse Zusammenhänge in einem Lebensverhalt, die ebenfalls rechtlich bedeutsam sind. Diese Zusammenhänge sind als Ordnungsgefüge und Bedeutungszusammenhänge von jedem einzelnen Fall ablösbar und können als solche unabhängig von dem zugrunde liegenden Lebensverhalt betrachtet werden. Eine derartige Ablösung und selbständige Verarbeitung des Sinnmoments an einem fertigen Sachverhalt wird der Urteiler durchführen, wenn er in der eigentlichen Rechtsanwendung einen Sachverhalt explizit zu würdigen unternimmt. Als Beispiel für rechtlich bedeutsame Zusammenhänge von Tatsachen kann etwa an den folgenden Zusammenhang einzelner durchaus selbständiger Fakten gedacht werden: (1) Das Ergreifen, Verbergen und Abtransportieren einer Sache durch (2) einen Menschen, wobei die Sache (3) nicht ihm, sondern einem anderen gehört, und dieser Mensch (4) die Absicht hat, die Sache ohne Wissen und Wollen des Eigentümers praktisch seinem Vermögen einzuverleiben. Das Gefüge dieser Fakten ist ein einziger Bedeutungszusammenhang, der es erlaubt, eine entsprechende Tatsachenfolge als „Diebstahl" zu bezeichnen. Ein Name für derartige Tatsachengefüge ist indessen nicht erforderlich. Ebensowenig ist es erforderlich, daß der Bedeutungszusammenhang, der die einzelnen — den je betrachteten Lebensverhalt ausmachenden — Momente (Einzelfakten) zusammenfaßt, schon etwa von dem Verantwortlichen — im Diebstahlsfalle: dem Täter — in seiner Bedeutung erfaßt wird. Das ist in strafrechtlich relevanten Lebensverhalten nur bei irrtumsfreien Vorsatzdelikten der Fall. Bei Fahrlässigkeitstaten dagegen kennt der Täter gerade diesen Bedeutungszusammenhang seiner Einzelakte nicht; denn es liegt im Begriff der Fahrlässigkeit, daß der Täter den Zusammenhang nicht erkannte, ihm später aber zum Vorwurf gemacht wird, daß er ihn hätte erkennen können.

Die Ablösbarkeit solcher Zusammenhänge von den einzelnen faktischen Vorgängen, an denen sie gefunden werden, ist nun eine notwendige Voraussetzung jeder gesetzgeberischen Tätigkeit, überhaupt jeder vergleichenden Verallgemeinerung von Fällen. Denn nur in ihren allgemeinen

Bedeutungszusammenhängen sind die individuellen Fälle für das Denken erfaßbar. Die gesetzlichen Tatbestände oder sonstige allgemein formulierbare Rechtsfolgevoraussetzungen sind die Frucht einer Abhebung der Sinngefüge von den ihnen zugrunde liegenden Lebensverhalten. Dieser Vorgang der Ablösung des Sinnmoments und dessen Verarbeitung zu gesetzlichen Tatbeständen wird heute unter der Bezeichnung „Typisierung der rechtlich bedeutsamen Merkmale" begriffen. Engisch, der diesem Komplex eine eingehende Untersuchung gewidmet hat[10], hält die Typisierung mit Recht für ein wichtiges Moment in der Entstehung positiv-rechtlicher Normen: „Das Recht, sei es Gesetzesrecht, sei es Gewohnheitsrecht, strebt nach Typisierung. Es entspricht dies ... der Normennatur des Rechts[11]." Die Vertragstypen des bürgerlichen, die Deliktstypen des Strafrechts sind letztlich „aus dem Rechtsverkehr erwachsen"[12]. Deshalb entsprechen die positiv-rechtlichen Tatbestände oft einem „empirischen Geschehenstypus", einem „Häufigkeitstypus von bald höherem, bald geringerem Ausmaße". „Nicht durchweg, aber häufig nimmt der Drang nach rechtlicher Gestaltung der Lebensverhältnisse (Vertragstypen, Güterstandstypen!) oder auch der eigensüchtige Drang nach Verletzung fremder Rechtsgüter (Deliktstypen!) den Weg, der in den rechtlichen (Engisch meint: positiv-rechtlichen) Typen beschrieben ist. Und wo das Rechtsleben neue Typen schafft, wo also das scheinbare Paradoxon typischer ‚atypischer' Verträge entsteht, folgt der Gesetzgeber vielfach den vom Leben vorgezeichneten Spuren, wie er umgekehrt dort, wo das Leben ihm nicht oder nicht mehr folgt, einen Typus aus seinem Katalog streichen mag"[13]. Nun kann der Gesetzgeber einen soziologisch-empirisch feststellbaren Geschehenstypus nur dann zu einem gesetzlichen Tatbestand, der mit Rechtsfolgen ausgestattet wird, verarbeiten, wenn er diesen Geschehenstypus durch Hinwendung auf die Rechtidee als einen rechtlich bedeutsamen begriffen hat. Die Tatbestände sind das Ergebnis einer Tätigkeit, die dem Erkennen rechtlich bedeutsamer Sachverhalte durchaus verwandt ist[14]. Diese Tätigkeit unterscheidet sich von der Sachverhaltsbildung vor allen Dingen dadurch, daß sie nicht beim individuellen Fall stehenbleibt, sondern durch Typisierung eine Vielzahl von Fällen erfassen will. Im Gesetzes- und Gewohnheitsrecht sind dergleichen Tatbestände gleichzeitig mit allgemein bestimmten Rechtsfolgen versehen, die Fälle dieser Art allgemein regeln. Es folgt daraus, daß die Tatbestände Sachverhalte im präzisen — dem Begriff des Lebensverhalts gegenübergestellten — Sinn des Wortes darstellen. Ein Tatbestand ist „nicht

---

[10] Engisch (3) S. 237 ff. besonders S. 266 ff.
[11] Engisch (3) S. 270.
[12] Engisch (3) S. 269 unter Hinweis auf Stoll.
[13] Engisch (3) S. 272.
[14] Ähnlich etwa auch Kaufmann S. 384 im Vergleich mit S. 387.

ein wirklicher (konkreter), aber ein doch als möglich vorgestellter, allgemein bestimmter Sachverhalt, der in einer unbestimmten Vielzahl von Fällen sich in Raum und Zeit ereignen, wirklich werden kann"[15]. Das gilt auch dann, wenn der Gesetzgeber bei der Heraushebung von Tatbeständen die einzelnen Merkmale in begrifflicher Hinsicht verfestigt, die fraglichen Typen — wie Engisch es formuliert[16] — „in die Schule nimmt".

Sind aber die Tatbestände auf diese Weise entstanden, dann ist es offenbar, daß sie dem Urteiler in den Blick kommen müssen, wenn er nach einem Lebensverhalt in seiner rechtlichen Bedeutung fragt. Hat der Urteiler die in Betracht kommenden Tatbestände nicht im Gedächtnis, dann ist er — an Hand der erfragten Sinnmomente und mittels einer rechtswissenschaftlichen Systematisierung der gesetzlichen Bestimmungen[17] — in der Lage, die Tatbestände im Gesetz aufzufinden. Im *ersten* Durchgang seines Fragens fragt der Urteiler in der beschriebenen Art unter Beziehung auf die durch die Rechtsidee bestimmten Regelungsweise nach dem Lebensverhalt. Dieses Fragen allein — unabhängig von einer Prüfung des befragbaren Materials auf einen Sachverhalt hin, unabhängig also von einer Tatsachenfeststellung im logischen Sinne — ist ausreichend, um das Erfragte als Sinnmoment der Frage herauszuheben, so daß in einem *zweiten* Durchgang die Frage in der Perspektive der gesetzlichen Tatbestände oder sonstiger Rechtsfolgevoraussetzungen ausdrücklich stellbar wird; denn die Tatbestände usw. sind ja verarbeitete Sinnzusammenhänge. Die gesetzlichen Tatbestände können nicht als zu einem Fall zugehörig erfaßt werden, wenn nicht schon vorher die rechtlich relevanten Merkmale eines Lebensverhalts in den Blick gekommen sind. Ist das aber einmal geschehen, dann wird auch sofort der Einbau der Tatbestände in das Fragen vollzogen. Wenn der Richter den Angeklagten A verhört, wird er sich zunächst selbst die Frage stellen, ob A eine fremde Brieftasche vom Schreibtisch weggenommen hat, ehe er sich durch Hinblick auf § 242 StGB Rechenschaft über den Sinn dieser seiner Frage ablegen kann. Dann erst wird er den Angeklagten nach dem Vorgang der Vergangenheit, den er — der Richter — nunmehr mit Gründen für maßgeblich hält, fragen können. Der Sinn seiner Frage ist aber vor dem Hinsehen auf das Strafgesetzbuch in der gestellten Erstfrage schon vorhanden. Erst durch einen besonderen Akt der Sinnerfassung kommt dann auch die gesetzliche Bestimmung in den Blick. Mit dem Tatbestand selbst dagegen wird der Richter nicht beginnen können, weil er zunächst noch gar keinen Anlaß hat, eben die Bestimmung des § 242 StGB heranzuzie-

---

[15] Larenz (1) S. 150, S. 176.
[16] Engisch (3) S. 272.
[17] Larenz (1) S. 209.

hen; einen solchen Anlaß besitzt er erst, wenn die an einem Lebensverhalt aufscheinenden rechtlich relevanten Linien auf den Tatbestand dieser Bestimmung hinweisen.

Die Tatbestandsmerkmale der Gesetze und die in der Rechtsprechung herausgearbeiteten Merkmale, die in bestimmten typischen Fällen als wesentlich angesehen werden und deren Einbau in das Fragen sich in einer ähnlichen Weise vollzieht, brauchen nun keineswegs auszureichen, um alle Momente des Rechtsfalles zu erfassen, die der fragende Urteiler für rechtlich relevant hält. In diesem Fall der „Lücke" ist ein zweiter Durchgang des Fragens nicht möglich. Es bleibt dann dabei, daß allein aus der oben bestimmten besonderen Perspektive des Urteilers diesen Momenten rechtliche Relevanz zukommt.

Grundsätzlich ist die rechtliche Bedeutung der erfragten Fakten also schon vorgezeichnet, wenn die sich aus Gesetz, Gewohnheitsrecht oder Rechtsprechung ergebenden Rechtssätze in die Grundfrage eingebaut werden. Mit dem Hineinspielen der Tatbestände in die Grundfrage kann sich nun dennoch zum Teil eine Verminderung der „rechtlich" — d. h. nach dem positiven Recht — relevanten Merkmale eines Lebensverhalts, zum Teil eine Vermehrung oder mindestens eine Präzisierung dieser Merkmale ergeben. Eine Verminderung der für den Urteiler relevanten Merkmale tritt ein, wenn — im Falle, daß für Sachverhalte der gerade zu beurteilenden Art an sich mehrere Regelungsmöglichkeiten bestehen — der Gesetzgeber eine oder mehrere bestimmte Regelungsmöglichkeiten verbindlich vorgeschrieben hat. Das wäre etwa dann der Fall, wenn ein Gesetz erlassen würde, daß bei der Ausgabe von Mangelwaren die Käufer in der Reihenfolge ihrer Ankunft vor dem Geschäft abgefertigt werden müssen. Durch eine solche gesetzliche Bestimmung würde die Bedeutung einiger schon als relevant erkannter Fakten besonders hervorgehoben, indem die generelle Regelung daran anknüpft. Gleichzeitig würde für den Geltungsbereich und die Geltungsdauer des Gesetzes die rechtliche Relevanz anderer Fakten, nämlich solcher, aus denen sich die bedeutsamen Unterschiede zwischen den einzelnen Käufern ergeben, zurückgedrängt. Der Urteiler wird — ist ihm die gesetzliche Bestimmung bekannt — die etwa von bestimmten Personen vorgebrachten Hinweise auf die erwähnten individuellen Unterschiede zurückweisen müssen. Man kann hier von einer Verringerung der rechtlich relevanten Tatsachen eines Lebensverhalts durch den Eingriff des Gesetzgebers sprechen. Rechtlich relevant bleiben dann nur solche Tatsachen, die auf Regelungsmöglichkeiten hinweisen, welche innerhalb des vom Gesetz belassenen Spielraums von Regelungsmöglichkeiten liegen. Es ist indessen festzuhalten, daß diese Verringerung der rechtlich relevanten Fakten nur eine relative ist. Die rechtliche Bedeutung der gewissermaßen zurückgedrängten Fakten leuchtet sofort wieder auf, wenn das Gesetz selbst zur Diskussion gestellt wird, wenn also

z. B. als ausgesprochen ungerecht empfunden wird, daß ein Schwerbeschädigter genauso lange warten muß wie ein Gesunder. Das kann dann etwa eine Gesetzesergänzung veranlassen, die vorschreibt, daß Schwerbeschädigte sofort zu bedienen sind.

Eine solche Verminderung der rechtlich relevanten Fakten beeinflußt selbstverständlich auch die Fragestellung des Urteilers. Dieser wird sich, auch wenn er auf die beschriebene Weise durch sein Fragen nach dem Lebensverhalt der gesetzlichen generellen Regelung ansichtig geworden ist, nicht mehr für solche Fakten interessieren, die auf andere — vom Gesetz nicht zugelassene — Möglichkeiten zur Regelung der Situation hinweisen. Er wird infolgedessen nach diesen Fakten auch nicht mehr fragen. Es ist aber zu betonen, daß es sich dabei nur um eine Verkürzung der ursprünglichen Fragestellung handelt, die in jedem Falle ohne Hinblick auf das Gesetz in Gang gekommen ist.

Auf der anderen Seite kann durch die Tätigkeit des Gesetzgebers auch eine Vermehrung von rechtlich relevanten Momenten an bestimmten Lebensverhalten eintreten. Dabei soll hier von solchen Fällen abgesehen werden, bei denen der Gesetzgeber durch ausgesprochen ungerechte oder sittenwidrige allgemeine Regelungen Tatbestände schafft, unter deren Herrschaft sich gewisse Fakten als bedeutsam ausnehmen würden, die im Hinblick auf die Rechtsidee nicht als rechtlich relevant angesprochen werden könnten; so, wenn etwa ein Gesetzgeber die Tötung unheilbar Kranker vorschreibt. Hier wird das Faktum, daß der Betroffene X unheilbar krank ist, in einer konkreten Situation bedeutsam. Eine rein positivistische Rechtslehre wird diese Bedeutsamkeit auch als eine rechtliche anerkennen. Aber es ist ja nicht so, daß der Erkenntnisprozeß, in dem diese Tatsache und ihre Bedeutung erkannt werden, durch einen Hinblick auf die Rechtsidee in Gang gebracht worden ist. Hier ist ein anderer Kulturwert oder Unwert leitend. Doch gibt es andere Fälle, bei denen die rechtliche Relevanz von Fakten erst durch eine gesetzliche allgemeine Regelung geschaffen werden kann. Es handelt sich dabei um solche Fälle, bei denen die Rechtsidee unter dem Gedanken der Ordnung und der Zweckmäßigkeit zwar verlangt, daß überhaupt eine Regelung stattfindet, wobei sie über den Inhalt der zu treffenden Regelung jedoch so gut wie gar nichts aussagt; m. a. W., die durch die Rechtsidee angezeigte Regelungsweise begreift in solchen Fällen alle Regelungsmöglichkeiten in sich, die überhaupt denkbar sind. Ein Beispiel liefert die grundsätzliche Regel des Rechtsfahrens im Straßenverkehr. Vom Standpunkt des Rechts aus ist es gleichgültig, ob rechts oder links gefahren wird. Wesentlich ist nur, daß die Fahrweise in dieser Hinsicht generell geregelt ist. Wenn daher ein Autofahrer (B) auf der linken Straßenseite fährt, dort einen anderen Wagen rammt und dessen Fahrer verletzt, dann ist es sicher für die Frage, ob die Körperverletzung rechtswidrig und schuldhaft begangen wurde oder nicht, von Belang,

VI. Der Einfluß der Rechtssätze auf die Grundfrage

daß B auf der linken Straßenseite gefahren ist. Die Relevanz dieses Faktums ergibt sich für den Urteiler indessen nicht auf die oben beschriebene Weise, daß die fragliche Tatsache für ihn durch Hinblick auf die Rechtsidee unmittelbar als bedeutsam erfragbar wird. Durch den Hinblick auf die Rechtsidee erfährt der Urteiler indessen, daß überhaupt eine Regelung stattfinden muß. Dadurch gelangt er zu dem Gesetz, das die allgemeine Regelung enthält. Das Gesetz erst öffnet ihm den Blick auf die rechtliche Bedeutsamkeit von Fakten, nach denen er dann im Einzelfalle fragen kann. Hier scheinen die Voraussetzungen der Fragestellung dadurch modifiziert, daß die Grundfrage, in welcher der Urteiler nach allen rechtlich relevanten Momenten des Lebensverhalts fragt, nicht ohne Wissen um und ohne Hinblick auf eine allgemeine gesetzliche oder gewohnheitsrechtliche Regelung gestellt werden kann. Das ist zwar richtig; doch bleibt es dabei, daß das in der Grundfrage Erfragte dem Urteiler durch Hinsicht auf die Rechtsidee gegeben wird, wobei er in diesen Fällen erkennt, daß die Rechtsidee für den Inhalt der Regelung nichts oder wenig hergibt, so daß er sich an anderen Quellen orientieren muß.

Diese Überlegungen werfen ein Licht auf die Erkenntnisbewegung, die Engisch als das „Hin- und Herwandern des Blickes zwischen Obersatz und Lebenssachverhalt" beschrieben hat, wobei wesentlich für den Sachverhalt ist, was auf den Obersatz Bezug hat, wesentlich für den Obersatz, was sich auf den Sachverhalt bezieht. Der Fall wird als Rechtsfall dadurch konstituiert, daß mit dem Anstoß durch das praktische Interesse eine rechtlich bestimmte Regelungsweise im oben beschriebenen Sinne in den Blick kommt, aus welcher heraus nach bestimmten Fakten als für diesen Sachverhalt wesentlichen Momenten gefragt werden kann. Die für den Sachverhalt bedeutsamen Fakten können und müssen also zunächst erfragt werden, ohne daß ein Obersatz ausdrücklich erkannt ist. Dieser Obersatz kann als das rechtliche Moment dann von dem Sachverhalt abgelesen werden. Er wird regelmäßig — soweit eine gesetzliche allgemeine Regelung geht — in der Form der Tatbestände solcher genereller Regelungen dargestellt werden, weil die Tatbestände eben Ausdruck des Rechtssinnes von Sachverhalten sind. Diese Tatbestände ihrerseits sind in den Blick gekommen, als mit dem Fragen nach Lebensverhalten — ein Fragen, das stets die rechtliche Relevanz des Erfragten als Sinnmoment zum Inhalt hat — dieses Sinnmoment zum ersten Male greifbar wurde. Da die Tatbestände und die sonstigen Rechtsfolgevoraussetzungen aus solchen Sinnmomenten erwachsen sind, bedarf es dazu nur der Fähigkeit des Urteilers, die einschlägigen Bestimmungen im System des Gesetzes auch aufzufinden. Bis zu einem gewissen Grade können bloße Rechtskenntnisse zur Auffindung dieser Bestimmungen beitragen. Sind die Tatbestände mitsamt den auf sie aufbauenden Rechtsfolgen erfaßt, dann wirkt das auf die Grundfrage zurück; denn wesentlich ist jetzt nur noch, was bedeutsam für Regelungen ist, die sich im Rahmen der gesetzlichen Rechtsfolgen halten. Es können ferner aber weitere Fakten wesentlich werden, wenn sich — wie oben dargestellt — aus der Rechtsidee selbst keine eindeutige Regelung ergibt.

Dabei handelt es sich immer um die Ausarbeitung der Grundfrage; der Sachverhalt als festgefügte fertige Antwort spielt hier überhaupt keine Rolle. Das schon deshalb nicht, weil durch das Hin- und Herwandern des Blickes der Sachverhalt — ebenso wie der Obersatz — in seinem Inhalt und in seinen Grenzen erst festgelegt werden soll. Aus diesem Grunde kann auch nicht die Rede davon sein, daß die Bewegung zwischen dem werdenden Sachverhalt und dem werdenden Obersatz eine fehlerhafte Zirkelbewegung darstelle. Denn von einem logischen Zirkel kann nur gesprochen werden, wenn von einer Aussage auf eine andere Aussage geschlossen wird, die indessen selbst wiederum eine logische Voraussetzung der ersten Aussage bildet. Ein circulus vitiosus ist ein aussagenlogischer Denkfehler. Mit der weiteren Logik von Frage und Antwort hat er nichts zu tun. Der Streit, der sich in der Gegenwart an Heideggers Analysen zur Zirkelhaftigkeit des Verstehens entzündet hat[18], wird damit nicht berührt. Da es sich ja hier um die Ausarbeitung einer *Frage* handelt, bleibt das Gefragte immer noch fraglich, womit auch eine an der erfragten Sache selbst orientierte neue Fragestellung möglich bleibt.

Daß das Hin- und Herwandern des Blickes vornehmlich eine Fragebewegung darstellt, das sieht auch Viehweg, wenn er die Sachverhaltsbildung als Betätigungsfeld der Topik in Anspruch nimmt[19]. Denn die Topik betrifft in erster Linie ein Fragen und nicht ein Antworten; Viehweg spricht von der Topik als einer „Techne des Problemdenkens"[20]. Ob allerdings die Sachverhaltsbildung wirklich auch eine topische Struktur hat, das muß hier offenbleiben. Jedenfalls erscheint es angesichts der Fülle stets neuer rechtlich relevanter Besonderungen an den einzelnen Fällen als zweifelhaft, ob ein ausreichender „Topoikatalog von Gesichtspunkten" für die Bildung von Sachverhalten im vorhinein entworfen werden kann. Die rechtliche Perspektive eines Urteilers wird sich vielmehr erst nachträglich in einem Katalog einfangen lassen.

Wie sich das Hin- und Herwandern des Blickes vollzieht, das sei noch an dem Beispiel von Henkel verdeutlicht. Es hat sich herausgestellt, daß die Herausarbeitung der relevanten Momente — wie sie oben in Grundzügen versucht worden ist — im Hinblick auf die mannigfachen durch die

---

[18] Heidegger S. 142 ff., S. 148 ff.; Löwith S. 72 ff.; Kuhn (1) S. 162 ff.; Gadamer S. 250 ff.; Betti (2) S. 38 ff.
[19] Viehweg S. 60 f.
[20] Viehweg S. 15.

VI. Der Einfluß der Rechtssätze auf die Grundfrage

Rechtsidee gegebenen Regelungsmöglichkeiten erfolgte. Eine Reihe wesentlicher Tatsachen ist in den Blick gekommen: die Reihenfolge der Ankunft der Käufer, aber auch das hohe Alter einiger Beteiligter usw. Besteht nun eine allgemeine gesetzliche oder gewohnheitsrechtliche Regelung solcher Fälle, dann kann das hohe Alter des X im Hinblick auf die Einengung der konkreten Regelungsmöglichkeiten vom Gesetz her gesehen als irrelevant erscheinen. Ein Teil der bedeutsamen Fakten fällt aus. Gleichzeitig kann der Obersatz gebildet werden, soweit er aus gesetzlichen Formulierungen besteht, weil die gesetzliche allgemeine Regelung mit dem Bedürfnis nach konkreter Regelung der Situation in den Blick gekommen ist. — Die Betrachtung beginnt damit, daß der Lebensverhalt ins Auge gefaßt wird. Die in der Grundfrage entstehenden Umrisse des Sachverhalts lenken den Blick auf den Obersatz, der aus gesetzlichen Tatbeständen usw. gebildet wird. Von dort wandert der Blick zurück auf den Lebensverhalt und bestimmt die weitere Stellung der Grundfrage.

VII. Die Entstehung der Grundfrage und das Verhältnis von Grundfrage und Tatsachenfeststellung

Auf diesem Grunde entsteht die theoretische Frage nach dem Rechtsfall. Doch sind damit lediglich ihre notwendigen Voraussetzungen aufgezeigt. Der unmittelbare Fragebeginn ist damit nicht erklärt, und er ist auch nicht weiter erklärbar. Droysen[1] sieht diesen Beginn allen Fragens in einer Art „Empfängnis", einer „Intuition", in welcher die „historische Frage" gegeben wird. Die Vorstellungen, welche sich der Geschichtsschreiber von den Dingen der Vergangenheit macht, scheinen ihm auf einmal eine neue Zusammenfügung der Geschehnisse hervorzubringen, und aus solcher Schau entsteht die Fragestellung. Collingwood[2] sucht dieses Phänomen dadurch zu erfassen, daß er sagt: „Die Frage erhebt sich." Damit ist unter anderem gemeint, daß die Frage plötzlich und ohne weitere Anleitung auftaucht, was vor allen Dingen bedeutet, daß es keine Methode gibt, zu einer Frage hinzugelangen, das Fragwürdige sehen zu lernen. Es kommt zu der Frage — wie es Gadamer in seiner allgemeinen Analyse des geisteswissenschaftlichen Arbeitens beschreibt[3] — so, wie einem ein Einfall kommt. „Gewiß reden wir von Einfällen nicht so sehr im Hinblick auf Fragen als auf Antworten, etwa auf die Lösung von Rätseln, und wir wollen damit festhalten, daß kein methodischer Weg zu dem Gedanken führt, der die Lösung ist. Aber wir wissen zugleich, daß Einfälle doch nicht ganz unvorbereitet kommen. Sie setzen bereits eine Richtung auf einen Bereich des Offenen voraus, aus dem der Einfall kommen kann, d. h. aber, sie setzen Fragen voraus. Das eigentliche Wesen des Einfalls ist vielleicht weniger, daß einem wie auf ein Rätsel die Lösung einfällt, sondern daß einem die Frage einfällt, die ins Offene vorstößt und dadurch Antwort möglich macht. Jeder Einfall hat die Struktur der Frage." Kein bewußt beschrittener Weg führt den Urteiler zu dem Einfall hin, der die Grundfrage ist.

Läßt sich so die Analyse des Frageursprungs nicht weitertreiben, so bleibt doch das Problem, welche Leistungen es sind, die mit der Stellung der Grundfrage vollbracht werden. Man wird sagen müssen, daß sich im

---

[1] Droysen S. 33 und S. 332 Anm. 11.
[2] Collingwood (1) S. 38.
[3] Gadamer S. 348.

VII. Die Entstehung der Grundfrage und die Tatsachenfeststellung

Moment der Fragestellung die Situation für den Urteiler verändert. Das bislang Unbestimmte wird nunmehr bestimmt, und zwar in dreifacher Weise: In der gestellten Grundfrage wird das Erfragte sichtbar, das, worauf das Fragen hinauswill, und außerdem werden durch die Fragestellung sowohl das Befragte wie das Gefragte konstituiert.

Die erste Leistung ist mit der Präzisierung des Erfragten die Vorwegnahme des Sachverhalts. Diese Vorwegnahme ist nicht nur vollständig, sondern auch vollkommen von der rechtlichen Perspektive des Urteilers durchdrungen. Beides ergibt sich aus den vorangegangenen Feststellungen. Die Grundfrage ist eine Entscheidungsfrage. Als solche umgreift sie ganz den Inhalt des Sachverhalts als der zu suchenden Antwort. In der Grundfrage wird also nicht nur ein Gesetzestext (etwa §§ 242, 243 StGB) verarbeitet, sondern viel genauer ein ganz konkretes Beweisthema vorgegeben. Dieses Beweisthema wird in der Tatsachenfeststellung einer Untersuchung unterzogen. Die Grundfrage kann bejahend oder verneinend beantwortet werden. Jedenfalls sieht der Urteiler an einem Lebensverhalt nur das, was durch die Grundfrage vorgegeben ist, und sonst nichts. Das bedeutet natürlich nicht, daß der Urteiler starr an der einmal gestellten Frage festhält. Die Grundfrage ist beweglich, Teilfragen sind nacheinander stellbar, Ergänzungen werden vorgenommen. Aber logisch geht jeder Veränderung und Erweiterung des Sachverhalts eine entsprechende Veränderung und Erweiterung des Beweisthemas — also der Grundfrage — voraus.

Die Vorwegnahme des Sachverhalts in der Grundfrage hängt auch ganz an der rechtlich bestimmten Sichtweise des Urteilers. Da die Grundfrage als Ganzes auf die Rechtsidee bezogen ist, gilt das auch von jedem ihrer Teile und jedem Einzelmoment bis in die Wortwahl hinein. Alles das, was im Aneinanderhalten von Beweisthema und objizierbarem Lebensverhalt — der eigentlichen Tatsachenfeststellung — die Auswahl und Deutung der Fakten bewirkt, ist schon rechtsbezüglich. Für die Auswahl der Tatsachen ergibt sich das daraus, daß der Urteiler aus seiner Perspektive über Wesentlichkeit und Unwesentlichkeit der Fakten entscheidet. Dasselbe gilt aber auch für die Deutung der Fakten durch die sprachliche Bezeichnung und Beschreibung. In der Grundfrage werden Worte und Wortgefüge von allgemeiner Bedeutung bereitgestellt und gleichzeitig wird gefragt, ob die Tatsachen sich dieser Bedeutung einpassen. Diese Bereitstellung ist aber durch die rechtliche Sichtweise des Urteilers bestimmt. Das folgt aus nachstehender Überlegung:

Die Grundfrage muß — da sie eine Entscheidungsfrage ist — nach *allem* fragen, was wesentlich und bedeutsam an dem jeweils in Rede stehenden Lebensverhalt ist; höchst besondere Momente, die das Gesetz gar nicht kennt, können dabei rechtlich relevant werden. Aus diesem Grunde wäre die Kurzbeschreibung eines Falles wie „A hat gestohlen" völlig unzulänglich, denn sie weist nur ein einziges rechtliches Moment — allerdings ein sehr wesentliches — auf. Der Urteiler muß tiefer in den Fall eindringen, und damit bestimmt sich auch der Grad der Besonderung, den er seiner Frage geben muß. Der Richter wird z. B. in einem Sachverhalt nicht schlechtweg feststellen können, daß ein dem Beklagten gehörendes „Haustier" die Klägerin zu einer bestimmten Zeit und an einem bestimmten Ort „verletzt" habe. Die Bezeichnungen für das Tier als „Haustier" und für die Schadenszufügung als „Verletzung" sind zu allgemein. Sie sind zu allgemein, weil die genauere Beschreibung der ihnen zugrunde liegenden Tatsachen noch juristisch wesentliche Züge aufdecken würde. Zwar würde für die bloße Subsumtion unter § 833 BGB die Feststellung von „Verletzungen", die durch ein „Haustier" verursacht worden sind, genügen. Aber die spätere Zuordnung zum Gesetz ist ja nicht das einzige, was am Fall die rechtlich relevanten Züge bestimmt. Es ist rechtlich relevant, was für Verletzungen die Klägerin erlitten hat, was für ein Haustier diese Verletzungen zugefügt hat und wie es diese Verletzungen zugefügt hat. Die Relevanz dieser Tatsachen ergibt sich daraus, daß für die Entscheidung des Falles nicht nur bedeutsam ist, daß der Beklagte der Klägerin einen Schaden zu ersetzen hat, sondern auch, wie hoch dieser Ersatz ausfallen wird. Dabei sind nicht etwa nur die Arzt- und Krankenhauskosten der Klägerin zu berücksichtigen, die Reparatur ihres Kleides usw., sondern auch der etwa erlittene Schrecken muß in Form eines Ersatzes für immateriellen Schaden wiedergutgemacht werden. In der Stufenleiter der allgemeinen Wortbedeutungen muß die Beschreibung also weiter hinabsteigen, um diese wesentlichen Züge aufzuhellen. Die Beschreibung wird dadurch gleichzeitig breiter. Auch das Wort „Haustier" muß durch ein angemesseneres Wort niedrigeren Allgemeinheitsgrades ersetzt werden. Es genügt nicht, daß in den Sachverhalt — und damit vorher in die Grundfrage — statt dessen etwa die Bezeichnung „gezähmtes Säugetier" aufgenommen wird. Allerdings schließt diese Bezeichnung schon aus, daß die Klägerin von der dem Beklagten gehörenden riesigen Pythonschlange verletzt worden ist. Wenn es sich ergäbe, daß ein solches Tier der Klägerin Schaden zugefügt hat, dann wäre das völlig unabhängig von aller Beziehung auf § 833 BGB für die Bemessung der Höhe des Ersatzes immateriellen Schadens bedeutsam. Denn wenn die ahnungslose Klägerin von einem derartigen exotischen Tier angefallen worden ist, dann wird der Schrecken der Frau so groß gewesen sein, daß die Höhe des Ersatzes davon unbedingt beeinflußt wird, abgesehen davon, daß durch die Bezeichnung des Tieres als „Pythonschlange" auch die juristisch relevante Art der Verletzung geklärt wird. Wenn sich indessen aus der Situation nur ein Anlaß zu der Frage ergibt, ob ein dem Beklagten gehörender Hund die Klägerin verletzt hat, dann wird der Urteiler in seiner Frage nach dem „Hund" fragen. Der damit vorgegebene Allgemeinheitsgrad der Bezeichnung für das verletzende Haustier wird

VII. Die Entstehung der Grundfrage und die Tatsachenfeststellung 61

hinreichend sein, wenn es sich bei diesem Hund um einen solchen von durchschnittlicher Größe und Gefährlichkeit handelt — „durchschnittlich" bezogen auf die dem Urteiler bekannten allgemeinen Verhältnisse in unseren Breiten. Sollte aber Anlaß gegeben sein, daran zu zweifeln, dann muß der Urteiler genauer fragen, ob es sich etwa um einen besonders gefährlichen Bluthund oder um einen zahmen Schoßhund gehandelt hat. In beiden Fällen wird die genauere Beschreibung rechtlich relevante Züge zutage fördern, die auf die Höhe des Schadensersatzes, vielleicht sogar auf die Ersatzverpflichtung des Beklagten überhaupt einen Einfluß haben werden. Wenn die Begriffe niedrigeren Allgemeinheitsgrades nicht rechtlich relevante Züge aufhellen würden, dann könnte von dem Richter nicht verlangt werden, daß er möglichst Bezeichnungen von geringer Abstraktionshöhe in die Grundfrage — und damit in den Sachverhalt — aufnimmt. Es liegt also ausschließlich an seiner durch die Rechtsidee bestimmten Perspektive, daß der Urteiler diese besondere Bezeichnung wählt und nicht jene andere, die bei abstrakter Betrachtung ebenso möglich zu sein scheint.

Es ist also keineswegs so, daß die Deutung der Fakten, die sich im Sachverhalt niederschlägt, nichts mit der späteren Rechtsanwendung zu tun hat — das Gegenteil ist der Fall. Dieser Gedanke ist z. B. auch schon von Scheuerle ausgesprochen worden[4], wenngleich Scheuerle die Fragestellung des Urteilers nicht in seine Bearbeitung einbezieht. Scheuerle verweist darauf, daß bereits im elementaren, auf Fakten gerichteten Wahrnehmungsakt des Rechtsanwenders die Rechtsanwendung ihren Anfang nimmt; gerade im Hinblick auf die demnächstige juristische Qualifizierung der Fakten werden diese Fakten gedeutet. Wenn es wesentlich ist, ob eine ganz bestimmte konkrete Verbindung zwischen zwei Ortschaften einen Weg oder eine Straße darstellt, dann geht in die Bezeichnung dieser Verbindung mit dem Wort „Straße" in den Sachverhalt eine Deutung des Urteilers ein, die offensichtlich von rechtlicher Bedeutung ist. Aber auch eine „genauere Beschreibung", welche die Worte „Weg" und „Straße" zu vermeiden sucht, muß die Phänomene im Hinblick auf die Grundfrage deuten und bringt damit wieder die spezifisch juristische Sichtweise des Urteilers ins Spiel.

Es mag dagegen eingewendet werden, daß Sachverhalte stets auch Worte enthalten, die keine Interpretation des Faktums, auf das sie sich beziehen, zum Inhalt haben, daß hier also auch die von der Rechtsidee geleitete Perspektive nichts zu einer Deutung der Tatsachen beiträgt: etwa bei Namen wie „Fritz Müller". Aber hier fehlt die Deutung nur scheinbar. Regelmäßig wird der Urteiler stillschweigend annehmen, daß es sich bei „Fritz Müller" um einen Menschen, einen Mann handelt. Da-

---
[4] Scheuerle S. 68.

mit legt er eine Deutung an das Faktum, die z. B. eine Subsumtion erst ermöglicht. Sachverhalte, in die eine solche Deutung von Namen nicht schon hineingelegt worden ist, sind in der Rechtsanwendung nicht verwertbar. Man mache nur einmal das Gedankenexperiment, einen „Sachverhalt" wie: „X hat Y durch einen Tritt mit dem Fuß so getroffen, daß X stürzte" auch nur strafrechtlich zu beurteilen. Wer hier meint, der Tatbestand des § 223 StGB sei verwirklicht, der setzt voraus, daß „X" und „Y" Bezeichnungen für Menschen, und zwar für verschiedene Menschen sind. „X" kann aber auch etwa ein Pferd meinen, „Y" einen Hund. Dann kommen ganz andere rechtliche Würdigungen heraus. Wegen dieser Unbestimmtheit kann der obige Satz nicht als Sachverhalt im strengen Wortsinne aufgefaßt werden, eben weil es an einer wesentlichen Deutung der Tatsachen fehlt. Das aber heißt wiederum, daß der Satz nicht Antwort auf eine rechtliche Grundfrage ist.

Namen enthalten implizit also auch rechtlich wesentliche Deutungen der zugrunde liegenden Fakten, oder sie sind in Sachverhalten sinnlos, eventuell sogar fehlerhaft. Wenn also der Richter danach fragt, ob das Tier auf den Namen „Karo" hört, und vielleicht in seinen Sachverhalt die entsprechende Feststellung aufnimmt, dann fördert die zusätzliche Kennzeichnung mit dem Namen nichts juristisch wesentliches mehr zutage. Der Revisionsrichter etwa, der auf Grund des Sachverhalts die rechtliche Würdigung des Falles durch den Tatrichter nachprüfen soll, kann mit dem Namen des Hundes nichts anfangen, weil er damit keine Vorstellungen verbinden kann. Wenn der Tatrichter trotzdem den Namen des Hundes in den Sachverhalt aufnimmt, dann kann das vielleicht einen Unterscheidungszweck verfolgen, weil etwa der Beklagte zwei Hunde gleicher Rasse, Größe und Gefährlichkeit besitzt, es können sich aber auch hinter der Verwendung des Namens nicht ausgearbeitete, unerfragte wesentliche Züge des Falles verbergen, was den Revisionsrichter zur Zurückverweisung um weiterer Sachaufklärung willen veranlassen kann.

Die Vorwegnahme des Sachverhalts durch die Grundfrage ist so ganz von der Rechtsidee bestimmt. Damit wird auch in den Sachverhalt als die Antwort auf die Gundfrage durch eben die Fragestellung alles hineingearbeitet, was später in der eigentlichen Rechtsanwendung von Bedeutung ist. Der Urteiler, der einen Gesetzessatz nach fertiger Sachverhaltsbildung auf den Sachverhalt anwenden will, holt aus diesem Sachverhalt nur heraus, was er vorher — bei der durch die Grundfrage geleiteten Sachverhaltsbildung — schon in ihn hineingelegt hat. Wenn es wichtig ist, daß die Klägerin eine „Verletzung" erlitten hat, dann geht dieses Moment in die Frage ein und wird im Hinblick auf seine relevanten Besonderheiten schon in der Frage konkretisiert. In der Antwort erscheint dann die Beschreibung der Verletzung wieder und leitet auf das Schadensersatzrecht hin. Das gilt nicht nur für ontisch Allgemeines, sondern auch gerade für

VII. Die Entstehung der Grundfrage und die Tatsachenfeststellung

Werte (wobei offen bleiben kann, ob das Wort „Verletzung" eine allgemeine Bezeichnung nur für ein Faktum ist oder ob es auch schon eine Bewertung des so Bezeichneten enthält). Wenn es also rechtlich bedeutsam ist, daß eine Straftat — etwa ein Mord — „grausam" begangen worden ist, dann ist — bei entsprechenden Anhaltspunkten im objizierbaren Lebensverhalt — der Urteiler veranlaßt, solchen Seiten am Lebensverhalt nachzuspüren, die auf die Grausamkeit der Straftat schließen lassen. Wenn er also danach fragt, ob die Tat grausam begangen wurde, dann muß er danach fragen, ob der Täter dieses oder jenes getan habe, was als grausam zu bewerten ist. Liefert der fertige Sachverhalt dann als Antwort die Beschreibung grausamer Handlungen, dann enthält diese Beschreibung stets die Bewertung der Tat als grausam schon als erkennbares Sinnelement, auch wenn der Urteiler sorgfältig vermieden hat, irgendwelche ausdrücklichen Wertbezeichnungen in den Sachverhalt aufzunehmen.

Leo Strauss[5] hat in seiner Auseinandersetzung mit dem Werk von Max Weber diesen Gesichtspunkt herausgearbeitet. Ob der Meinung von Strauss so weit zu folgen ist, daß die Werte schon als in den Lebensverhalten enthalten, daß Sein und Wert als miteinander verschlungen anzusehen sind, das kann hier dahinstehen. Auf jeden Fall aber enthält die Beschreibung eines Rechtsfalles schon die Baustoffe aller Bewertungen, unter welchen dieser Fall später explizit gesehen werden kann, gleichgültig ob die die Werte bezeichnenden Worte und Wortgefüge nun in den Sachverhalt aufgenommen worden sind oder nicht. Eine Sachverhaltsbildung ist eben nicht ohne eine Frage, die Frage ist nicht ohne ein Erfragtes denkbar; das Erfragte aber ist das Moment, das den am Sachverhalt später abhebbaren Sinn — und damit auch die abhebbaren Werte — ausmacht.

---

[5] Strauss S. 37 ff., S. 54 ff.

VIII. Die Konstitution der Zeugnisse und die Entstehung der abgeleiteten Fragen

Die zweite Leistung der Fragestellung ist die Konstitution des Befragten. Mit der Grundfrage wird aus der Fülle von Material aller Art das herausgehoben, was dem Urteiler zum Zeugnis dienen soll. Zeugnis zu sein, ist also keineswegs die Eigenschaft eines wahrgenommenen Faktums (einer schriftlichen oder mündlichen Aussage, eines Fingerabdrucks usw.), die diesem Faktum von vornherein zukommt, sondern eine Tatsache wird zum Zeugnis erst, wenn sie als Befragtes in ihrer auf die Grundfrage bezogenen Bedeutsamkeit erfaßt wird. In keinem Punkt gleichen sich die juristische und die historische Arbeitsweise so sehr wie in diesem. Deshalb kommt es nicht von ungefähr, daß Jurist und Historiker sogar dieselbe Bezeichnung verwenden, indem sie von Zeugen und Zeugnissen sprechen — eine Übereinstimmung, auf die schon Gadamer aufmerksam gemacht hat[1].

Für die Geschichte hat den Gedanken von der Konstitution des Zeugnisses durch die Frage besonders wieder Collingwood herausgearbeitet. Er geht davon aus, daß grundsätzlich jedes in der Gegenwart vorliegende irgendwie geformte Etwas Antwort auf diese oder jene Frage geben kann. Für den Historiker ist „die ganze wahrnehmbare Welt" „potentiell und im Prinzip Zeugnis". „Von allen Dingen, die für ihn wahrnehmbar sind, gibt es kein einziges, das er nicht prinzipiell als Material zur Lösung irgendeiner Frage verwenden könnte — vorausgesetzt, daß er die richtige Frage stellt[2]." Es geht jedoch darum, die gegebenen Fakten zu Zeugnissen zu aktualisieren. Das geschieht durch die Frage. „Eine vernünftige Frage (— und andere Fragen wird ein fähiger Wissenschaftler nicht stellen—) ist eine Frage, für deren Beantwortung man das nötige geschichtliche Beweismaterial zu haben oder zu bekommen glaubt." Der Historiker stellt jede seiner Fragen nur, „weil er glaubt, sie beantworten zu können: d. h. er hat von dem Material, das er benutzen will, schon eine beiläufige und versuchsweise angenommene Vorstellung." „Als Zeugnis verwertbares Material, Zeugnis ist alles Material, das dem Forscher die Möglichkeit gibt, Antwort zu finden auf die Frage, die er gerade in diesem Augenblick hat." „Fragestellung und historisches Zeugnis stehen

---

[1] Gadamer S. 321.
[2] Collingwood (2) S. 259.

VIII. Die Zeugnisse und die abgeleiteten Fragen

in der Geschichte zueinander in Wechselbeziehung[3]." Das fragende Verhalten des Historikers ist das Konstituens des Zeugnisses[4]. Auch für Droysen bestimmt die historische Frage die Zeugnishaftigkeit der Zeugnisse, wenn er sagt, daß sich aus der historischen Frage ergebe, welches Material zu ihrer Beantwortung heranzuziehen sei[5].

Ebenso wie die historische Frage macht auch die Grundfrage des Urteilers aus dem befragbaren Material die befragten Zeugnisse. Nun scheint es zwar zunächst, als ob nicht die Grundfrage, sondern die abgeleiteten Fragen diese Leistung vollbringen würden, insbesondere die abgeleiteten Fragen letzten Grades, die in den Zeugnissen unmittelbar Antwort finden. Indessen muß sich die Grundfrage von vornherein bei ihrer Entstehung auf Zeugnisse beziehen, wenn sie nicht ein reines Phantasieprodukt sein soll, dem nichts in der Wirklichkeit der Gegenwart entspricht. Zwar mag sich der Urteiler auch noch nach Stellung der Grundfrage auf die Suche nach neuem Material begeben, das er noch nicht kennt und das ihm bei der Beantwortung seiner Frage helfen soll. Aber auch bei dieser Arbeit steht ihm das zu findende Material als das gesuchte Zeugnis vor Augen, das er zu erlangen trachtet und an dessen Fähigkeit, Zeugnis abzulegen, er bestimmte Anforderungen stellt. Die abgeleiteten Fragen präzisieren zwar die Richtung der Befragung, aber sie sind doch einerseits von der Grundfrage, andererseits von den mit dieser sichtbar gewordenen Zeugnissen abhängig. In diesem Raum zwischen Grundfrage und Zeugnissen, in der aus der Spannung zwischen Grundfrage und Zeugnissen entstandenen Fragesituation erheben sie sich spontan wie die Grundfrage selbst.

Die Zeugnishaftigkeit der Zeugnisse wird also durch die Grundfrage bestimmt — und zwar nicht nur durch die Tatsache der Fragestellung, sondern auch nicht weniger wesentlich durch den Inhalt der Frage, aus dem sich die Befragungsrichtung ergibt. Die Betrachtung eines Zeugnisses allein reicht nicht aus, um maßgebliche Erkenntnisse zu gewinnen, es muß eine inhaltlich konkrete Befragung stattfinden. Deshalb kann der eine aus einem Zeugnis herausholen, was ein anderer nicht einmal erahnt hat. Das meint auch die berühmt gewordene Bemerkung von Jakob Burckhardt über den Thukydides. Burckhardt empfiehlt seinen Hörern, auch die alten, schon so oft ausgebeuteten Quellen immer wieder zu lesen, denn es sei möglich, daß sich völlig neue Erkenntnisse aus ihnen schöpfen ließen. Und er fährt dann fort: „Es kann sein, daß im Thukydides z. B. eine Tatsache ersten Ranges liegt, die erst in hundert Jahren jemand bemerken wird[6]."

---

[3] Collingwood (2) S. 293.
[4] Collingwood (2) S. 18.
[5] Droysen S. 335 § 26.
[6] Burckhardt S. 21; dazu Wagner S. 11 ff.

VIII. Die Zeugnisse und die abgeleiteten Fragen

Eine Untersuchung der möglichen Befragungsrichtungen, die sich naturgemäß ganz im Formalen halten muß, führt zu einer Dreiteilung der Zeugnisse, wie sie Droysen entwickelt hat und wie sie bis heute die Geschichtslogik beeinflußt[7]. Droysen unterscheidet „Quellen", „Überreste" und „Denkmäler". „In den Quellen sind die Vergangenheiten, wie menschliches Verständnis sie aufgefaßt und sich geformt hat, zum Zwecke der Erinnerung überliefert[8]." Sie bieten die „Rückschau früherer Zeiten in ihre Vergangenheit"[9]. Zu ihnen gehört die Historiographie selbst, gehören Briefe, Zeitungen, Tagebücher, Chroniken usw.[10]. Überreste werden solche Materialien genannt, die aus der Vergangenheit herrühren und noch in der Gegenwart erhalten sind, eine Fülle verschiedenartiger Gegebenheiten, die „die Spur von Menschengeist und Menschenhand" an sich tragen[11]. Die Denkmäler schließlich sind „Überreste einer vergangenen Zeit, aus der sie für die künftigen Geschlechter Zeugnis über einen bestimmten Vorgang geben, die Vorstellung über denselben fixieren wollen"[12]. Zu ihnen gehören die eigentlichen Urkunden, ferner Inschriften, Bau- und Kunstwerke usw.[13]. Aus den Definitionen geht hervor, daß Droysen zwar nicht ausdrücklich auf die Betrachtungsweise abstellt, daß er aber trotzdem ein entsprechendes Einteilungskriterium zugrunde legt, weil dasselbe Zeugnis z. B. bald als Quelle, bald als Überrest verstanden werden kann. Die Quellen können als Überreste aufgefaßt werden[14], in den Denkmälern verbindet sich die Form des Überrestes mit der Form der Quelle[15]. Die Betrachtungsweise konstituiert nicht nur das Zeugnis, sondern sie macht darüber hinaus dieses Zeugnis zur Quelle, zum Überrest, zum Denkmal.

Diese Dreiteilung der Zeugnisse deckt sich nicht mit der prozeßrechtlichen Einteilung der Beweismittel. Im Prozeßrecht kommt es allein auf die „sinnliche Wahrnehmung" an, die dem Richter „über das Beweisthema verschafft werden soll, sei es, daß ihm Gelegenheit gegeben wird, durch eigene Anschauung wahrzunehmen, wie beim sogenannten Augenschein, sei es, daß ihm die Wahrnehmung durch Überlieferung, nämlich die Aussagen von Personen (Zeugen, Sachverständigen, Parteien) oder Urkunden, durch die viva vox und die mortua vox, vermittelt wird", wie es in dem Lehrbuch des Zivilprozeßrechts von Rosenberg heißt[16]. Demnach

---

[7] Vgl. etwa Quirin S. 41.
[8] Droysen S. 333 § 24.
[9] Droysen S. 37.
[10] Droysen S. 61 ff.
[11] Droysen S. 38.
[12] Droysen S. 38.
[13] Droysen S. 50 ff.
[14] Droysen S. 37.
[15] Droysen S. 333 § 21.
[16] Rosenberg S. 540.

VIII. Die Zeugnisse und die abgeleiteten Fragen

gibt es dort lediglich eine Zweiteilung: Erkenntnis durch eigene Anschauung und Erkenntnis durch sog. Überlieferung, wobei diese in mündliche und schriftliche Überlieferung unterschieden wird. Dabei ist etwa eine Urkunde — ganz anders als bei Droysen, der schriftliche Äußerungen sowohl den Quellen wie den Denkmälern und den Überresten zurechnen kann[17] — jede schriftliche „Verkörperung eines Gedankens", „auch wenn sie nicht von vornherein zum Beweise bestimmt war (‚Zufallsurkunde') oder keinen Beweiswert hat"[18]. Diese Einteilung richtet sich also nach der Art und Weise, wie dem Urteiler das Beweismittel vor aller Zeugnisbestimmung rein empirisch gegeben ist, während es bei Droysen auf das Beweismittel gerade in seiner Funktion als Zeugnis ankommt.

Die Differenzierungen Droysens haben für die juristische Sachverhaltsbildung Bedeutung in gleicher Weise wie für die historische Tatsachenfeststellung. Das läßt sich an Beispielen zeigen. Wenn dem Richter etwa die mündliche oder schriftliche Aussage eines Zeugen vorliegt, dann kann er diese Aussage als Bericht verstehen. Er befragt dann die Aussage auf das hin, was der Zeuge über einen bestimmten Vorgang der Vergangenheit auszusagen weiß. Die Aussage wird zur Quelle. Der Urteiler kann aus ihr — das besagt ja das Wort „Quelle" — ein Wissen über die Vergangenheit schöpfen, die vor der Zeit liegt, in der die Aussage gemacht worden ist. Der Urteiler kann die Aussage aber auch daraufhin befragen, ob der Zeuge vielleicht bewußt falsch ausgesagt hat, ob er mit dieser Aussage eine dritte Person beleidigt hat usw. Hier wird die Aussage nicht als Quelle, sondern als Überrest aufgefaßt. Der Richter fragt danach, wie und mit welchem Hintersinn der Zeuge seine Aussage gemacht hat. Eine Blickwendung hat stattgefunden. Praktisch kommt diese Blickwendung in jedem Verfahren vor, wenn der Richter eine Aussage zwar nicht auf das objektive Zutreffen ihres Inhalts, wohl aber auf ihre subjektive Wahrhaftigkeit hin befragt. Bald wird das Zeugnis als Quelle, bald als Überrest gesehen; wird die Aussage als Überrest gesehen, dann ist nicht allein der Bericht Gegenstand der Befragung, sondern die Perspektive, in welcher der Zeuge den Vorgang oder Zustand der Vergangenheit berichtend beschreibt, wird explizit zum Objekt der Untersuchung. — In einem anderen Falle kann etwa ein notarieller Kaufvertrag zu Beweiszwecken herangezogen werden. Der Vertrag hat z. B. eine Eigentumsübertragung zum Inhalt. Wird er als Kundmachung eben dieses Rechtsgeschäfts angesehen, dann kann er insoweit auf die genaueren Modalitäten der Vereinbarung hin befragt werden. Er ist dann ein Denkmal im Sinne Droysens, weil er als Überrest eines Rechtsgeschäfts verstanden wird, das zur Bezeugung eben dieses Rechtsgeschäfts hergestellt worden

---

[17] Droysen S. 70 ff., S. 50, S. 47.
[18] Rosenberg S. 572.

ist. Eine vollkommen andere Betrachtung aber findet statt, wenn der Richter die Urkunde auf ihre Echtheit hin befragt und die Möglichkeit einer Urkundenfälschung ins Auge faßt. Das Papier wird dann als Überrest eines ganz anderen Vorgangs der Vergangenheit verstanden, der mit dem angeblich abgeschlossenen Vertrag nichts zu tun zu haben braucht. Auch hier muß man von einer Änderung der Frageweise, von einer Blickwendung sprechen. — Solche Änderungen der Fragestellung können nicht nur bei Aussagen vollzogen werden, sondern bei allen Materialien, die irgendwie einer bewußten oder unbewußten Formung durch Menschen unterworfen waren. Eine Photographie etwa — nach dem Prozeßrecht ein Objekt der Augenscheinseinnahme[19] — wird jeweils anders betrachtet wenn sie als echte Darstellung des Abgebildeten oder als Fälschung angesehen wird; und auch im ersten Falle macht es einen Unterschied, ob der Blickwinkel des Photographen mitgesehen wird oder nicht[20]. Das hängt ganz von der Frage ab, die der Urteiler an das Beweismittel richtet.

Die Fragestellung bestimmt also, mit welcher Art von Zeugnis es der Urteiler jeweils zu tun hat. Diese Zeugnisart steht nicht von vornherein fest. Die hier getroffene Unterscheidung entspricht also auch nicht etwa der von Betti[21] angewendeten Differenzierung der Beweismittel nach der „mitgegebenen Darstellungsfunktion". Danach ist das (historische) Material einzuteilen in „berichterstattende Quellen, welche durch geschriebene, mündliche oder gegenständliche Vermittlung überliefert wurden", und „Überreste, Spuren oder Überbleibsel", „die als Stücke der Vergangenheit über sie hinausragen". Da diese Unterscheidung nicht auf die Befragungsrichtung abstellt, nähert sie sich der prozeßrechtlichen Unterscheidung nach der empirischen Gegebenheit der Beweismittel, die schon vor der Fragestellung festliegt — allerdings unter Berücksichtigung eines eventuell mitgegebenen Sinnes. Wie sich nun aus einem Vergleich der angeführten Beispiele ergibt, sind Blickwendungen des Urteilers, welche die Zeugnisart verändern, nur möglich, wenn das Zeugnis von dem Zeugen schon als Antwort auf eine bestimmte Frage verstanden, d. h. im Hinblick auf diese Frage hergestellt worden ist. In allen anderen Fällen können Zeugnisse lediglich als Überreste aufgefaßt werden, nicht aber als Quellen oder als Denkmäler. Den Rest einer Mauer kann niemand als eine „Quelle" ansehen. Insoweit unterscheiden sich die Zeugnisarten auch nach der mitgegebenen Darstellungsfunktion. Indessen sind alle Quellen und alle Denkmäler auch als bloße Überreste verstehbar, und sie werden zu Überresten, wenn der Urteiler an sie mit solchen Fragen herangeht, die nicht *die* Fragen sind, die der Zeuge in seinem Zeugnis beantworten will, wenn der

---

[19] Rosenberg S. 572.
[20] Vgl. auch Droysen S. 126.
[21] Betti (1) S. 88; (2) S. 10.

VIII. Die Zeugnisse und die abgeleiteten Fragen

Urteiler also von der Fragestellung des Zeugen frei wird. Dann kommt es — im Gegensatz zur Einteilung von Betti — für die Unterscheidung zwischen Quelle und Überrest nicht mehr darauf an, ob dem Beweismittel eine Darstellungsfunktion mitgegeben ist oder nicht.

Es ist für den Urteiler im allgemeinen schwierig, eine solche Blickwendung wirklich zu vollziehen, die das Fragen des Urteilers über die ursprünglichen Fragen hinausführt, auf welche die Quellen und Denkmäler eine Antwort geben wollen. Denn es wird dazu mindestens vorausgesetzt, daß die ursprünglichen Fragen und ihr Horizont ausdrücklich mit in die Fragestellung einbezogen werden, daß das Zeugnis also statt als Quelle oder Denkmal als Überrest aufgefaßt wird. Die kategoriale Vorformung des Sachverhalts oder eines Teiles davon, welche diese Zeugnisse mit sich bringen, besteht ja großenteils gerade darin, daß die Zeugnisse nach dem Willen der Zeugen die Antwortmöglichkeiten auf die an sie gerichteten Fragen auf eine einzige beschränken sollen. Diese Vorformung kann der Urteiler dadurch in den Griff bekommen, daß er die Perspektive des Zeugen und den spezifischen Sinn, den dieser seinen Worten beilegt, in seiner eigenen Fragestellung gewissermaßen „von einer höheren Warte aus" betrachtet. Gelingt ihm das, dann kann der Urteiler sich weitgehend über die Vorformung durch die Zeugnisse erheben und mit seinem eigenen Verständnis an die Beantwortung seiner Fragen herangehen. Er entgeht dann der Gefahr, *durch den Zeugen* getäuscht zu werden; es bleibt nur die nie ganz auszuräumende Gefahr, daß der Urteiler *sich selbst* täuscht. Wenn er mit dieser Bemühung aber keinen Erfolg hat, dann bleibt ihm nichts anderes übrig, als den Inhalt seiner Quellen unverändert in seinen Sachverhalt zu übernehmen: eine Übernahme, die Collingwood[22] spöttisch „Schere-und-Kleister-Methode" nennt, weil dann ohne weitere Prüfung die Zeugnisse gewissermaßen nur zerschnitten und ihre Teile hintereinandergeklebt werden, so wie es dem Urteiler paßt.

---

[22] Collingwood (2) S. 269 u. a.

IX. Die Konstitution des Rechtsfalles und die Objektivität der Sachverhaltsbildung

Mit der Beantwortung der Frage, wie und wodurch die Zeugnisse als Zeugnisse konstituiert werden, ist die Untersuchung wieder an dem Punkt angelangt, an dem die logisch bestimmte Methodik der Tatsachenfeststellung einsetzt. Die logisch-reduktiv vorgehende Tatsachenfeststellung findet bereitgestellte Zeugnisse als Beweismittel vor, sie setzt die Art und Weise voraus, in der diese Zeugnisse zu interpretieren sind, und die Auswahl der Aussagen, die als wesentlich angesehen werden; der Urteiler weiß schließlich um die Richtung, in welcher er bei seiner kombinierenden Tätigkeit fortschreiten muß, um zu einem Sachverhalt zu gelangen, dessen Bedeutung für ihn bei dieser Arbeit schon vorgegeben ist. Der Gegenstand, dessen der Urteiler in der Tatsachenfeststellung habhaft zu werden sucht, — der Rechtsfall — ist m. a. W. schon festgelegt, wenn das eigentliche Schlußverfahren beginnt. Es bedarf nur noch der methodisch gesicherten Bearbeitung dieses Gegenstandes in der Tatsachenfeststellung, damit der Sachverhalt gebildet werden kann. Diese Festlegung ist die dritte Leistung der Grundfragestellung. Die Grundfrage hat den Gegenstand der Sachverhaltsbildung als das Ziel konstituiert, auf das sich alle Tatsachenfeststellung, die sich selbst als sinnvoll versteht, hinbewegen muß.

Dieses Ziel ist der Rechtsfall, nach dem die Grundfrage fragt. Als Gefragtes ist er insbesondere durch den Frageanstoß und das in der Frage Erfragte bestimmt. Es hat sich gezeigt, daß es letztlich die Rechtsidee ist, die den Horizont der konstituierenden Fragestellung abgibt, und daß dieser Fragehorizont nicht zu denken ist ohne den Anstoß in der Regelungsbedürftigkeit der jeweiligen Situation, welcher Anstoß die „Lebensnähe" und „Lebensbindung" jeder Grundfragestellung verbürgt. Daraus ergibt sich, daß der Rechtsfall als Rechtsfall nicht in sich ruht, sondern erst geschaffen wird durch die Lebensbedürfnisse und die damit verbundene, sich aus der Rechtsidee ergebende Blickweise und Fragerichtung. Dabei ist es nicht so, daß Frageanstoß und Fragestellung lediglich um der Erkenntnis des Rechtsfalles willen zu einem an-sich-seienden Rechtsfall hinzutreten müßten. Ohne Einbeziehung dieser subjektiven Konstitutionselemente kann vielmehr nicht sinnvoll von einem Rechtsfall gesprochen werden. Denn nur die Abhängigkeit von der jeweils gestellten Grundfrage kenn-

IX. Der Rechtsfall und die Objektivität der Sachverhaltsbildung

zeichnet einen Fall als *Rechts*fall. Nicht jede Beschreibung eines Tatsachenkomplexes ist schon die Beschreibung eines Rechtsfalles. Eine solche Beschreibung wird zum Sachverhalt in der hier gebrauchten Bedeutung des Wortes erst, wenn sie als Antwort auf eine rechtlich bestimmte Grundfrage verstanden wird. Erst die in den Blick gekommene Rechtsidee macht durch die Grundfrage den Fall zum Rechtsfall.

Die Nähe der praktischen Rechtsanwendung zu den geisteswissenschaftlichen Arbeitsweisen, insbesondere zur Geschichte, wird hier wieder spürbar. Auch in der Geschichte steht der Forscher nicht einem Gegenstand-an-sich gegenüber, sondern die gegenüberliegende Sache und der Aspekt, in dem sie gezeigt wird, bilden zusammen die Einheit des historischen Untersuchungsobjekts. Das beschreibt Gadamer in seinem mehrfach angeführten Werk über die Grundlagen der Geisteswissenschaften. Dort heißt es: „Offenbar kann man nicht im selben Sinne von einem identischen Gegenstand der Erforschung in den Geisteswissenschaften sprechen, wie das in den Naturwissenschaften am Platze ist, wo die Forschung immer tiefer in die Natur eindringt. Bei den Geisteswissenschaften ist vielmehr das Forschungsinteresse, das sich der Überlieferung zuwendet, durch die jeweilige Gegenwart und ihre Interessen in besonderer Weise motiviert. Erst durch die Motivation der Fragestellung konstituiert sich überhaupt Thema und Gegenstand der Forschung. Die geschichtliche Forschung ist mithin getragen von der geschichtlichen Bewegung, in der das Leben selbst steht, und läßt sich nicht teleologisch von dem Gegenstand her begreifen, dem ihre Forschung gilt. Ein solcher Gegenstand an sich existiert offenbar überhaupt nicht. Das gerade unterscheidet die Geisteswissenschaften von den Naturwissenschaften. Während der Gegenstand der Naturwissenschaften sich idealiter wohl bestimmen läßt als das, was in der vollendeten Naturerkenntnis erkannt wäre, ist es sinnlos, von einer vollendeten Geschichtserkenntnis zu sprechen, und eben deshalb ist auch die Rede von einem Gegenstand an sich, dem diese Forschung gilt, im letzten Sinne nicht einlösbar[1]." Es ist, wenn nicht plötzlich neue Zeugnisse entdeckt werden, stets eine „neue Sehweise", die zu einer neuen Fragestellung in der Geschichte zwingt, unter welcher alles Material neu bearbeitet werden muß[2]. Jede neue Sehweise konstituiert einen neuen Forschungsgegenstand.

Sich wandelnde Fragestellungen bei sich wandelnden Bedürfnissen und neuen Vorstellungen von Recht und Unrecht können auch neue Arten von Rechtsfällen konstituieren, denen kein bisheriger Rechtsfall als gleichartig gegenübergestellt werden kann, es sei denn, auch dieser würde in dem

---
[1] Gadamer S. 268 f.; vgl. auch Carr S. 21 ff.; zur Konstitution von sog. „Sachverhalten" vgl. Husserl S. 282 ff., worauf schon Becker S. 489, Anm. 6 hingewiesen hat.
[2] Wittram S. 21.

neuen Lichte gesehen. Das Problem der Geschichtlichkeit des Rechts spielt hier hinein. Es mag z. B. Zeiten eines reinen Erfolgsstrafrechts gegeben haben, in welchen es völlig irrelevant war, ob ein Vorsatztäter sich bewußt oder nicht bewußt gewesen ist, daß er rechtswidrig handelte. Dann konnte der Urteiler auch nicht danach fragen, wenn er einen — in heutiger Sicht auf einen möglichen Verbotsirrtum zu befragenden — Rechtsfall zu untersuchen hatte. Dabei ist es völlig gleichgültig, ob ein heutiger Urteiler in seiner Sehweise den Fall anders sehen würde — von einer andersartigen Beurteilung ganz zu schweigen. Als es aber zum Rechtssatz wurde, daß Unwissenheit in rechtlicher Hinsicht nicht vor Strafe schütze, war es mit dieser Unschuld vorbei. Tatsachen, die ausdrücklich als irrelevant abgewiesen werden, haben schon rechtliche Bedeutung. Heute ist es rechtserheblich, ob der Täter im Verbotsirrtum handelte oder nicht. Der Urteiler muß danach fragen; mit der Sehweise haben sich auch die Gegenstände möglicher Sachverhaltsbildungen geändert.

Nun werden aber nicht allein im Laufe der Geschichte neue Sehweisen erschlossen, sondern die den Rechtsfall konstituierende Fragestellung kann sich wandeln im Verlaufe jedes Prozesses, im Fortgang jeder Sachverhaltsbildung. Plötzlich tauchen neue Aspekte auf, die den Rechtsfall in neuem Lichte erscheinen lassen und neue Detailfragen nötig machen, bereits getroffene Tatsachenfeststellungen aber als unwesentlich oder weniger bedeutsam in den Hintergrund drängen. Diese Möglichkeit besteht so lange, bis der Sachverhalt als die schließliche Anwort auf alles Fragen vollendet ist. Erst dann, wenn der Sachverhalt fertiggestellt ist, ist auch der Rechtsfall, den dieser Sachverhalt beschreibt, endgültig festgestellt — „festgestellt" nicht nur in dem Sinne, daß der Urteiler nunmehr Bescheid weiß, daß er die Tatsachen kennt, sondern „fest-gestellt" auch in dem viel fundamentaleren Sinne, daß mit der jetzt endgültigen Stellung der konstituierenden Frage der Rechtsfall in seiner Be-deutung und in seinen Grenzen festliegt. Der Rechtsfall, um den sich die Tatsachenfeststellung bewegt, steht zu Beginn eines Prozesses selten vollkommen fest, sondern nur in den Grundzügen ist er einigermaßen bekannt. Die Fragestellung kann sich ändern, und damit wird auch der Gegenstand, den sie konstituiert, verschoben. Auf dieser Flexibilität und Variabilität des grundlegenden Fragens beruhen die Schwierigkeiten gewisser Rechtsfragen, ob z. B. der Richter im Strafprozeß es nach vollzogener Sachverhaltsbildung noch mit demselben Gegenstand der Anklage (§ 264 StPO) zu tun hat oder nicht. Die Identität des Rechtsfalls hängt von der sich durchhaltenden Fragestellung ab. Rein logisch ist der Rechtsfall nicht mehr derselbe, wenn die Grundfrage auch nur geringfügig geändert und nicht nur ergänzt wurde. Verfahrensrechtlich kann man an dieser strengen Beurteilung allerdings nicht festhalten. Hier stellt man auf die „Wesentlichkeit" der Änderung ab.

IX. Der Rechtsfall und die Objektivität der Sachverhaltsbildung 73

Die Subjektbezogenheit aller Sachverhaltsbildung, in welcher sogar der Gegenstand der weiteren Arbeit erst durch die an die Person des Urteilers gebundene Fragestellung konstituiert wird, könnte einen Zweifel an der „Objektivität" der gerichtlichen Tatsachenfeststellungen aufkommen lassen. Stellen die so gewonnenen Sachverhalte nicht eine sehr fragwürdige Grundlage der richterlichen Urteile dar? In der Tat war etwa Droysen im Hinblick auf die der juristischen Tatsachenfeststellung so nahestehenden Geschichtsschreibung der Meinung, daß die Historiographie nicht „objektiv" sein. Von der „erzählenden Darstellung" sagt er: „Nur scheinbar sprechen hier die ‚Tatsachen' selbst, allein, ausschließlich, ‚objektiv'. Sie wären stumm ohne den Erzähler, der sie sprechen läßt³." Aber er ist weit davon entfernt, diesen „Mangel" etwa für einen Nachteil zu halten: „Objektiv ist nur das Gedankenlose⁴." Die eigentümliche Strenge geschichtlicher Forschung ist für Droysen etwas anderes als „Objektivität".

Nun versteht Droysen unter „Objektivität" eine Art Standpunktfreiheit, die gar nicht zu erreichen ist. Die schroffe Abweisung aller „eunuchischer Objektivität"⁵ beruht auf der Einsicht in diese Unmöglichkeit. Gleichwohl wird man den Ergebnissen einer methodisch richtig durchgeführten Tatsachenfeststellung eine gewisse Objektivität nicht absprechen können, wenn nur die Notwendigkeit eines Standpunktes berücksichtigt wird. Einmal hängt die Objektivität letztlich nicht an der Fragestellung, sondern an der „Präzision der Beantwortung" der Fragen. Folgt die fortschreitende Beantwortung den Regeln der Logik, dann wird der Sachverhalt als die fertige Antwort eine sachliche Beschreibung geben. Die Fragestellungen, welche die Perspektive erst eröffnen, gefährden die Objektivität der Sachverhaltsbildung deshalb nicht, weil sie nicht einen rationalen, sondern einen vorrationalen Ursprung haben, die Objektivität aber auf der Rationalität des Arbeitens beruht, die erst mit der Beantwortung der Fragen einsetzt. Diesen Gedanken hat insbesondere Rothacker herausgearbeitet⁶. Darüber hinaus sind aber auch die Fragen selbst in gewisser Weise objektiv, wenn sie sich nur „an der Sache", d. h. eben an den aufgezeigten Frageursprüngen — nicht an den Lebensverhalten allein! — orientieren. Ist doch allgemein der Unterschied zwischen „sachlichen" und „unsachlichen" Fragen geläufig. Die Garantie sachlichen Fragens ist dann gegeben, wenn die Fragen auch wirklich auf den Lebensverhalt, soweit er objizierbar ist, ausgehen und diesen Lebensverhalt unter den durch die Rechtsidee nahegelegten Gesichtspunkten betrachten. Fragestellungen insbesondere, die geflissentlich gewisse rechtlich rele-

---

³ Droysen S. 361 § 91.
⁴ Droysen S. 361 Anm. 18.
⁵ Droysen S. 287.
⁶ Rothacker S. 47 f.

vante Fakten übersehen, sind unsachlich, und zwar deshalb, weil sie den vorgeblich eingenommenen Rechtsstandpunkt nicht durchhalten. Das strenge und bruchlose Beibehalten der Perspektive macht die Sachlichkeit der Fragestellung aus.

Der Weg des Urteilers bei einer Sachverhaltsbildung zeigt sich so — um eine Formulierung von Maurice Blondel aufzugreifen[7] — als „eine Analyse zwischen zwei Synthesen". „Die erste, die vorausblickende und hypothetische Synthese, welche die Probleme aufwirft und das Forschungsinteresse durch die Verheißung einer Entdeckung anspornt", ist die Grundfrage, welche die in ihr vorweggenommenen Einzelheiten synoptisch zusammenfaßt. Die Analyse ist die — logischen und methodologischen Regeln unterworfene — Arbeit der Tatsachenfeststellung. Ihre Ergebnisse sind rational nachprüfbar und verbürgen daher die Objektivität der Nachforschungen. Die zweite Synthese ist der Sachverhalt. Sie steht in strenger Entsprechung zur ersten. Als Abschluß der Sachverhaltsbildung ist sie von der ersten Synthese zwar im Vorausblick entworfen, aber doch von der analysierenden Tätigkeit abhängig. In der ersten Synthese wird der Rechtsfall hervorgebracht, in der Analyse wird er bearbeitet und in der zweiten Synthese festgestellt und gesichert.

---

[7] Blondel S. 33.

Literaturverzeichnis

Becker, G. W.: Rerum notitia, Juristische Rundschau 1949, S. 489 ff.
Betti, Emilio: (1) Zur Grundlegung einer allgemeinen Auslegungslehre, Festschrift für E. Rabel Bd. II Tübingen 1954 — (2) Die Hermeneutik als allgemeine Methodik der Geisteswissenschaften, Tübingen 1962.
Blondel, Maurice: Histoire et Dogme, 1904, zit. nach der Übersetzung von Antonia Schlette: Geschichte und Dogma, Mainz 1963.
Bocheński, J. M.: Die zeitgenössischen Denkmethoden, 2. Aufl., München 1959.
v. Brandt, A.: Werkzeug des Historikers, Stuttgart 1958.
Burckhardt, Jacob: Weltgeschichtliche Betrachtungen, zit. nach der Ausgabe von Rudolf Marx, Stuttgart 1958.
Carr, Edward Hallet: What is History? 1961, zit. nach der Übersetzung von Siglinde Summerer und Gerda Kurz: Was ist Geschichte? Stuttgart 1963.
Collingwood, Robin George: (1) An Autobiography, 1939, zit. nach der Übersetzung von Hans-Joachim Finkeldei: Denken. Eine Autobiographie, Rastatt 1955 — (2) The Idea of History, 1946, zit. nach der Übersetzung von Gertrud Herding: Philosophie der Geschichte, Stuttgart 1955.
Conze, Werner: Leibniz als Historiker, Berlin 1951.
Diemer, Alwin: Grundriß der Philosophie, Bd. I, Allgemeiner Teil, Meisenheim am Glan 1962.
Droysen, Johann Gustav: Historik. Vorlesungen über Enzyklopädie und Methodologie der Geschichte, hrsg. von Rudolf Hübner, 4. Aufl., München 1960.
Engisch, Karl: (1) Logische Studien zur Gesetzesanwendung, 2. Aufl., Heidelberg 1960 — (2) Einführung in das juristische Denken, 1. Aufl., Stuttgart 1956 — (3) Die Idee der Konkretisierung in Recht und Rechtswissenschaft unserer Zeit, Heidelberg 1953 — (4) Wahrheit und Richtigkeit im juristischen Denken, München 1963.
Finkeldei, Hans-Joachim: Grund und Wesen des Fragens, Diss. phil. Heidelberg 1954 (Maschinenschrift).
Gadamer, Hans-Georg: Wahrheit und Methode. Grundzüge einer philosophischen Hermeneutik, Tübingen 1960.
Hegel, Georg Wilhelm Friedrich: Die Vernunft in der Geschichte, hrsg. von Johannes Hoffmeister, 5. Aufl., Hamburg 1955.
Heidegger, Martin: Sein und Zeit, 9. Aufl., Tübingen 1960.
Henkel, Heinrich: Recht und Individualität, Berlin 1958.
Holz, Hans Heinz: Leibniz, Stuttgart 1958.
Husserl, Edmund: Erfahrung und Urteil. Untersuchungen zur Genealogie der Logik, hrsg. von Ludwig Landgrebe, 2. Aufl., Hamburg 1954.
Kaufmann, Arthur: Gesetz und Recht, Festschrift für Erik Wolf, Frankfurt 1962.
Kirn, Paul: Einführung in die Geschichtswissenschaft, 4. Aufl., Berlin 1963.

Kuhn, Helmut: (1) Begegnung mit dem Sein. Meditationen zur Metaphysik des Gewissens, Tübingen 1954 — (2) Das Sein und das Gute, München 1962.

Larenz, Karl: (1) Methodenlehre der Rechtswissenschaft, Berlin, Göttingen, Heidelberg 1960 — (2) Wegweiser zu richterlicher Rechtsschöpfung. Eine rechtsmethodologische Untersuchung, Festschrift für A. Nikisch, Tübingen 1958.

Löwith, Karl: Heidegger, Denker in dürftiger Zeit, 2. Aufl., Göttingen 1960.

Otto, Walter F.: Die Frage der geistigen Überlieferung, in: Die Wirklichkeit der Götter, S. 44 ff., 1963.

Pöppel, K. G.: Die Docta Ignorantia des Nicolaus Cusanus als Bildungsprinzip. Eine pädagogische Untersuchung über den Begriff des Wissens und Nichtwissens, Freiburg 1956.

Quirin, Heinz: Einführung in das Studium der mittelalterlichen Geschichte, Braunschweig, Berlin, Hamburg 1950.

Reinach, Adolf: Zur Phänomenologie des Rechts. Die apriorischen Grundlagen des bürgerlichen Rechts; München 1953; Nachdruck der 1913 im Jahrbuch für Philosophie und phänomenologische Forschung erschienenen Arbeit: Die apriorischen Grundlagen des bürgerlichen Rechts.

Rombach, H.: Über Ursprung und Wesen der Frage, in: Symposion. Jahrbuch für Philosophie, Bd. III, München 1952.

Rosenberg, Leo: Lehrbuch des deutschen Zivilprozeßrechts, 9. Aufl., München und Berlin 1961.

Rothacker, Erich: Die dogmatische Denkform in den Geisteswissenschaften und das Problem des Historismus, Mainz 1954.

Scheuerle, Wilhelm A.: Rechtsanwendung, Nürnberg 1952.

Strauss, Leo: Natural Right und History, 1953, zit. nach der Übersetzung von Horst Boog: Naturrecht und Geschichte, Stuttgart 1956.

Viehweg, Theodor: Topik und Jurisprudenz, 2. Aufl., München 1963.

Wagner, Fritz: Moderne Geschichtsschreibung. Ausblick auf eine Philosophie der Geschichtswissenschaft, Berlin 1960.

Weber, Max: Gesammelte Aufsätze zur Wissenschaftslehre, Tübingen 1922.

Wittram, Reinhard: Das Interesse an der Geschichte. Zwölf Vorlesungen über Fragen des zeitgenössischen Geschichtsverständnisses, Göttingen 1958.

Printed by Libri Plureos GmbH
in Hamburg, Germany